AF280878

Philosophische Bildung und Ausbildung
Herausgegeben von Johannes Rohbeck und Volker Steenblock

THELEM

Jahrbuch für Didaktik der Philosophie und Ethik

Herausgegeben von Johannes Rohbeck

2006

Philosophische Bildung und Ausbildung

Herausgegeben von Johannes Rohbeck
und Volker Steenblock

Redaktion: Peter-Ulrich Philipsen

THELEM

Bibliografische Information der Deutschen Bibliothek

Die Deutsche Bibliothek verzeichnet diese Publikation in der
Deutschen Nationalbibliografie; detaillierte bibliografische Daten
sind im Internet unter http://dnb.ddb.de abrufbar.

Bibliographic information published by Die Deutsche Bibliothek
Die Deutsche Bibliothek lists this publication in the Deutsche
Nationalbibliografie; detailed bibliographic data is available in the
Internet at http://dnb.ddb.de.

ISBN 3-937672-48-6

Das Umschlagbild:
Bodenlabyrinth aus der Kathedrale
von Chartres,
13. Jahrhundert

© 2006 w.e.b. Universitätsverlag und Buchhandel
Eckhard Richter & Co. OHG
Bergstr. 78, 01069 Dresden
Thelem ist ein Imprint von w.e.b.
Alle Rechte vorbehalten. All rights reserved.
Satz und Layout: Peter-Ulrich Philipsen
Umschlag: w.e.b.
Printed in Germany

Inhalt

Einleitung

Der traditionsreichen *Bildung* wohnt, wie Reinhart Koselleck formuliert hat, offenbar eine »produktive Spannung« inne, die darin besteht, dass diese philosophisch-pädagogische Konzeption sich als Anwältin humaner Gehalte in Gesellschaft und Kultur stets erneut auf konkrete Problemlagen einzustellen vermag. Mit der Bildungs*theorie* verhielte es sich demnach wie mit den »materialen« Bildungs*gehalten* – auch diese müssen stets neu ergriffen und weiterentwickelt werden, soll das einmal Gedachte lebendiges Eigentum bleiben. Dieser gerade gegenwärtig signifikant bedeutsamen Problemlage hat sich an der Ruhr-Universität Bochum am 29. und 30. April 2005 die Tagung »Philosophische Bildung und Ausbildung« des *Forums für Didaktik der Philosophie und Ethik* gewidmet. Die Beiträge dieser Tagung, die wieder von der Fritz Thyssen Stiftung finanziell unterstützt worden ist, werden in diesem Band veröffentlicht.

Die angesprochene Problemlage besteht zunächst darin, dass unter dem Eindruck verschiedener neuer Entwicklungen in Theorie und Praxis – sogar von einer »Krise der Bildung« ist die Rede – die Notwendigkeit entsteht, sich erneut der *Grundlagen einer Philosophie der Bildung* zu vergewissern. Dieser Aufgabe stellt sich Volker Steenblock in seiner Einführung zu diesem Band. Einerseits knüpft er an die deutsche philosophisch-pädagogische Bildungstradition an, die trotz mancher Anfeindungen höchst lebendig geblieben ist. Andererseits nimmt er die gegenwärtigen Herausforderungen an Lernprozesse ernst und rezipiert die Errungenschaften der empirischen Unterrichtsforschung und der Formulierung von Kompetenzstandards. Steenblock stellt sich die Frage, welche Konsequenzen sich aus diesem Spannungsfeld zwischen *Bildung* und *Ausbildung* für die Didaktik der Philosophie ergeben.

Zur Grundlegung des Bildungsbegriffs markieren Walter Schweidler und Urs Thurnherr ein Spektrum einschlägiger theoretischer Verortung. Zur Bildung als Grundform gelingenden menschlichen Lebens, als »Urelement der menschlichen Lebenschancen«, gehört, wie Schweidler betont, die Weitergabe ihrer Gehalte, statt sie sozusagen »für sich zu behalten«. Platon, Humboldt und die gesamte Bildungstradition bestehen darauf: wer sie exklusiv nimmt, ist eigentlich nicht *gebildet* im Sinne dieses eminenten Anspruchs. Freilich verkomme die Bildung, einst wesentlich als Chance begriffen, im Zuge nicht zuletzt einer theoretischen »Selbsthypothetisierung« alltagsweltlich fast schon zur Zumutung. Während Schweidler von hier aus die Bildung in bestimmten kulturellen Koordinaten von Norm, Religion und Politik sehr klar und diskussionsanregend profiliert, entwickelt Thurnherr ein Theorieszenario, das exemplarisch einen Gegenpol des Spektrums philosophischer Grundlagenbestimmung besetzt: die postmodern inspirierte Skizze eines unhierarchischen, in Übersetzungen arbeitenden »rhizomatischen« Bildungspluralismus, veranschaulicht im Bild eines über Wurzelstränge verflochtenen Konnexes menschlicher Lebensformen.

Das hiermit etablierte Spektrum von Hauptvorstellungen der Bildung als Grundform humaner Existenz schließt als regulative Idee, so wird deutlich, weder auf den unterschiedlichsten Ebenen anzusprechende Heterogenitätserfahrungen aus, noch muss es sich aktuell aufgegriffenen Dimensionen wie denen der Leiblichkeit und Emotionalität verweigern. Dies führt in ein weiteres einschlägiges Themenfeld.

Zu den wichtigsten *aktuellen* Errungenschaften der Bildungsphilosophie – wie sie die vorgenannte Selbstvergewisserung zu provozieren vermögen – gehört eine neue Beachtung der Thematiken der *Leiblichkeit* einerseits und der *Emotionalität* andererseits. In der Reflexion sind die Aspekte des Leibes und unserer gefühlsmäßigen Existenz dem Denken gegenüber nicht selten auf eine Seite bloßer Körperlichkeit hin abgeschoben worden. Philosophisch mehr für sich aber hat die Sentenz: »Gefühle geben zu denken«. Leiblichkeit und Emotionalität aktualisieren nicht nur lange vernachlässigte Aspekte der Bildung, deren historisch-systematische Rekonstruktion zu leisten ist (Käte Meyer-Drawe). Ihre Thematisierung hilft auch mit, dass in der Reflexion von körperlichen Ausdrucksformen und inneren Empfindungsfähigkeiten Menschen sich als Subjekte erleben, die ihr Leibsein bewusst realisieren und individuell gestalten können.

Gegenüber jedem Ausschließlichkeitsanspruch »reiner« Vernunft realisiert eine *Philosophie der Gefühle*, wie Klaus Blesenkemper zeigt, didaktisch relevante Möglichkeiten, die bereits im klassischen Konzept der Bildung angelegt sind. Beides hilft der Bildung, sich auf jene alltagskulturelle Gegenwart zu beziehen, in der wir heute stehen, um am Ende den Blick auf sinnvolle Methodisierungen und Standardisierungen als Pol der »Ausbildung« richten zu können. Grundlagenreflexion und philosophische Aktualisierung sind für den Praxisbegriff der Bildung also nicht lediglich Selbstzweck.

Zu den gegenwärtigen Herausforderungen des Bildungsbegriffs gehört es nämlich auch, dass die Philosophiedidaktik sich gerade angesichts aktueller Tendenzen in einer besonderen ausbildungspraktischen Weise auf jene alltagskulturelle Gegenwart zu beziehen hat, in der die Bildung heute steht. Zukünftige Lehrerinnen und Lehrer werden vielfachen sozialwissenschaftlichen Diagnosen zufolge mit einer Schülerklientel arbeiten, die durch die allenthalben konstatierten Veränderungstendenzen in westlichen Gesellschaften in nachhaltiger Weise anders geprägt sein dürfte als bisher. Diese Veränderungen (z.B. Individualisierung und Pluralisierung von Lebensformen, »Patchwork-Familien«, Migration und Multikulturalität, Gesetzmäßigkeiten der »Panökonomisierung«, Allpräsenz der Populärkultur etc.) stellen für Bildungsprozesse eine massive Herausforderung und zugleich für ihre Gestaltung eine wichtige »Koordinate« dar. Die Methodenkonzepte philosophischer Bildung haben hierauf zu reagieren, um am Ende den Blick auf sinnvolle Umsetzungen in die Unterrichtspraxis richten zu können.

Dies demonstrieren Bernd Rolf und Brigitte Wiesen mittels der Bilddidaktik und Eva Marsal am Beispiel des Spieles. In beiden Fällen zeigt sich als Konsequenz für die Seite der Ausbildung, dass eine grundlagentheoretisch aktualisierte und in den Dimensionen der Leiblichkeit und Emotionalität neu gewonnene philosophische Bildung über alle nötige begrifflich-hermeneutische Vernunftarbeit hinaus auch methodisch-konkret »spielend« und anschaulich zu realisieren ist.

Damit tritt unter dem Eindruck der vorgenannten Feststellungen im gesamten Spektrum der Studiengangs- und Schulreform sowie der Lehrerausbildung die Didaktik der Philosophie und Ethik in eine fruchtbare Spannung von *Bildung und Ausbildung.* Mag »Bildung« im Kern nicht »messbar« sein, so ist sie auch nicht voreilig für unoperationalisierbar zu halten. Angesichts hoher öffentlicher Aufmerksamkeit und sachlicher Dringlichkeit ist eine Vermittlung philosophischer Bildung mit den gegenwärtigen Hauptzugriffen empirischer Schulleistungsforschung (PISA) und Standarddiskussion (»Nationale Bildungsstandards« der Kultusministerkonferenz) dringend erforderlich.

Bochum und Dresden, im April 2006   Volker Steenblock
                                           Johannes Rohbeck

Volker Steenblock

Bildungstradition und Bildungs*system*innovation – Skizzen zu einer gegenwärtigen Problemlage philosophischer Bildung

Bildung ist die subjektive Präsenzform der Kultur. Es ist eine *Bildungsstruktur*, welche die uns umgebenden und uns tragenden Kulturprozesse von Tradition und Innovation und ihren lebendigen Fortgang adäquat beschreiben kann; zugleich bezeichnet »Bildung« den »Hebel«, an dem zu ihrer Beeinflussung anzusetzen wäre. Über die Direktiven eines solchen Fortganges freilich gibt es gerade gegenwärtig weniger Konsens denn je. Für eine zu Zwecken der Selbstvergewisserung der Philosophiedidaktik unternommene, versuchsweise und knappe Darstellung dieser Diskussionssituation wird im Folgenden einleitend jene ebenso renommierte wie gelegentlich auch umstrittene, in jedem Falle aber vielgestaltige deutsche philosophisch-pädagogische *Bildungstradition* aufgerufen, die manchen Anfechtungen zum Trotz für unsere Thematik nach wie vor einschlägig erscheint (1). Sie wird zu den großen vielzitierten sozioökonomischen und kulturellen Herausforderungen in Beziehung gesetzt, wie sie Lernprozessen aller Art in unserer Gegenwart begegnen (2).

Es schließen sich einige Bemerkungen zu jenen aktuellen Errungenschaften des pädagogischen Diskurses an, die nicht zuletzt auch als Reaktionen auf die genannten Herausforderungen zu verstehen sind: (3): zu *empirischen Großstudien* (a), *neuen szientifischen Lernforschungen* (b) *und Standardsetzungen* (c), Konzeptionen also, wie sie auch für die Philosophiedidaktik zu diskutieren sind. Gelegentlich scheint an der Spitze all dieser Innovationen gar der Bildungstheorie das Recht auf einen eigenen reflexiven Zugang zu ihrem Gegenstandsfeld abgesprochen zu werden: Wer nicht *messe*, diese Messungen auswerte und dann entsprechend reagiere, der habe – so wird kolportiert – »nur eine weitere *Meinung*«, die er im Rahmen der Debatte äußere. Das ruft verständlicherweise kritische Reaktionen hervor (4).

Dieser offensichtliche Dissens und auch die Mehrschichtigkeit der gesamten Diskussionslage leiten über zu der Frage, wie denn eine *Bildung*, sofern sie im *Prozess der Kultur* überhaupt wirksam werden möchte, in diesen Spannungsfeldern nun tatsächlich didaktisch zu situieren wäre (5) bzw. welche Aufgaben und Konsequenzen sich aus unserer Gegenüberstellung für unser Metier, also für die *Philosophiedidaktik*, sowohl im Prinzip (a) wie konkret (b) ergeben könnten (6).

1. Bildung – Humanismus – Individualität: Traditionelle Theoriekonzepte stehen in der Diskussion

Den Status der *Bildung* demonstriert vor allem die Berufung auf ihre besondere *aufklärende* und *humane*, ein eigentlich Menschliches ausprägende Tradition philosophisch-pädagogischer Zielbestimmungen, aus der sich bis in die Gegenwart hinein ein »klassischer«, jedenfalls prägender Zug des Bildungsdiskurses entwickelt hat. Niemand Geringeres als die größten Geister der Philosophiegeschichte sind hier bekanntermaßen einschlägig.

Bei *Platon* ist es das »in barbarischem Schlamm vergrabene Auge der Seele«, das gewissermaßen zum Sehen gebracht wird (*Rep.* 533 d). Vor allem aber der »Humanismus«, bekanntlich zurückgehend auf das römische Wort »humanitas«, Menschlichkeit, das in der Philosophie *Cicero*s wirksam wird, bestimmt entsprechende Studien als nicht nur der wissenschaftlichen Erkenntnis an sich, sondern auch jener angemessenen *Gesinnung* dienlich, die den »*homo humanus*« kennzeichnet, den »menschlichen« Menschen, den Menschen, insofern er sozusagen seinen Begriff erfüllt. Zur humanen Haltung gehören dabei – so entwickelt es jene Bildungstradition bis heute –

auch ein gewisses lebenserfahrenes Verständnis der menschlichen Angelegenheiten inklusive ihrer Unvollkommenheiten, ein Sinn für die Gemeinsamkeiten aller Menschen sowie der Besitz von Qualitäten wie Freundlichkeit, Heiterkeit, vielleicht auch, wie bemerkt worden ist, Witz und Eleganz. Hieran schließt in viel bedachter Weise der Renaissance-Humanismus an, der unter Herausstellung der gottähnlichen Schöpferkraft des Menschen dessen Würde und Glück nicht zuletzt darin sieht, dass er in bestimmter Hinsicht zu einem Werke seiner selbst zu werden vermag. So erklärt *Pico della Mirandola* (1463-1594), dass der Mensch eigenschaftslos erschaffen sei und somit seine Natur nach eigenem Willen selbst bestimmen könne bzw. müsse. Sein »Grundcharakter« ist also »kultureller«, nicht so sehr »natürlicher« Art: er liegt in der rechten Formung, also *Bildung* seiner selbst.

Vor allem führt im neunzehnten Jahrhundert die »neuhumanistische« Philosophie zu einer umfassenden Ausprägung der Bildungsidee, mit der *Wilhelm von Humboldt* dem Einzelnen »die höchste und proportionierlichste Bildung seiner Kräfte zu einem Ganzen« als Zielvorstellung vorgegeben hat: die *Aufgabe*, sich auf einem gewissen Niveau historischer, sprachlicher, literarischer, ästhetischer, religiöser und philosophischer Geistesformung zum Ausdruck bringen zu können. Aber eine »ungebrochene, affirmative Rede von einem [...] Humanismus, der Ganzheit, autonome Subjektivität, individuelle Freiheit verspricht«, ist in der pädagogischen Bildungstheorie, einschlägiger neuerer lexikalischer Darstellung zufolge,[1] durchaus auch umstritten.

Hierzu trägt der schwierige Begriff des *Individuums* als des in der weiteren Gedankenarbeit der Geistesgeschichte immer stärker ausgeschärften Referenzsubjektes aller Bildung bei, der als ein kennzeichnendes Merkmal der Moderne die »Selbstbestimmung des Menschen [...] im Sinne der Einzigartigkeit im Vergleich zu Anderen und Anderem« etabliert hat.[2] Wenn die deutsche Bildungstradition mit allem Recht für die Vorstellung steht, Angelegenheit eines

---

1   Vgl. Jörg Ruhloff: »Humanismus, humanistische Bildung«, in: Dietrich Benner u. Jürgen Oelkers (Hrsg.): *Historisches Wörterbuch der Pädagogik*, Weinheim, Basel 2004, 443-454.

2   Vgl. Käte Meyer-Drawe: »Individuum«, in: ebd., 458-481.

denkenden Wesens sei es, sich seines Platzes im Leben reflexiv zu versichern – das Selbst sei sich also seine eigene *Aufgabe* –, dann gehört in einer Gegenwart, die universale Gewissheiten in vieler Hinsicht in Zweifel stellt, zu den Lernprozessen avancierter Bildungskonzeptionen offenbar die Einsicht hinzu, dass eine solche Zielvorstellung als regulative Idee weder unsere auf verschiedenen Ebenen aufbrechenden Heterogenitätserfahrungen (»Wer bin ich – und wenn ja: wie viele?«) ausschließt, noch die vielfachen Einflüsse, Brüche und Konflikte leugnen muss, in die wir in den »Wetterlagen« des Lebens geraten können. Bildung, eingebunden in den Prozess der Kultur, kann auch dann statthaben, wenn ihr Ziel nicht gemäß einem metaphysischen Vernunftanspruch »vor« der kulturellen Arbeit bereits feststeht.

In meinen Augen trifft hier vor allem eine Beschreibung von *Käte Meyer-Drawe* zu, deren Name für kritische Einsprüche gegenüber den Selbstverständlichkeiten der Bildungstradition – jedoch aus einem Interesse an deren Gehalten heraus – stehen kann. Ihr zufolge etabliert das Subjekt als »Differenzierungsereignis einen Ort, an dem Identität modelliert wird, ohne je eine letzte Gestalt zu erhalten«.[3] Bildung ist unsere im Konkreten wurzelnde, nichtteleologische, aber darum nicht »sinnlose« Form kultureller Selbstgewinnung. Die Idee, dass eine solche bewusste »Ichwerdung« erstrebenswert und Lebensziel ist, sucht dem Einzelnen Wege zu eröffnen, trotz aller prägenden Umstände: der Natur und genetischen Disposition, des Marktes und der Alltagsbelastung, der Medien usw. (und vielleicht zugleich *in* und *mit* ihnen) seine besondere Existenz zu gewinnen. Sie verschafft zugleich Einsicht, wie wenig eine völlige Autonomie des Ich vorstellbar wäre, wie sehr wir im Austausch mit anderen vielmehr eine »gegenseitige«, »mutuelle Identität« erzeugen.

Entsprechend gilt, dass Bildung nicht nur eine Angelegenheit der Vergangenheit ist, in ihrer Ritualisierung, wie man gesagt hat, kenntlich schon dadurch, dass unentwegt Humboldt zitiert wird. Vielmehr wohnt offenbar ihrer *Sache*, wie *Reinhart Koselleck* formuliert hat,

---

3   Vgl. Käte Meyer-Drawe: *Illusionen von Autonomie. Diesseits von Ohnmacht und Allmacht des Ich*, München ²2000. Vgl. auch Jürgen Straub u. Joachim Renn (Hg.), *Transitorische Identität. Der Prozesscharakter des modernen Selbst*, Frankfurt/M. 2002.

eine »produktive Spannung« inne,[4] die letztlich darin besteht, dass *Bildung* sich als Anwältin humaner Gehalte und als Zielperspektive für jede(n) Einzelne(n) immer neu auf konkrete Problemlagen einzustellen vermag und dass sich dabei auch stets erneut Perspektiven auf ein Grundkonzept und inneres Konstruktionsprinzip menschlicher Orientierung abzeichnen.

2. ... und müssen sich mit kulturellen Gegenwartsbedingungen auseinandersetzen.

An konkreten Problemlagen, auf die sich die *Bildung* ungeachtet ihrer im Inneren durchaus nicht dissensfreien Diskussionslage zu beziehen hätte, ist kein Mangel. Vor allem sieht sie sich *in der Praxis* herausgefordert. Zukünftige Lehrerinnen und Lehrer zum Beispiel werden vielfachen sozialwissenschaftlichen und psychologischen Diagnosen zufolge mit einer Schülerklientel arbeiten, die durch Veränderungstendenzen in westlichen Gesellschaften in nachhaltiger Weise anders geprägt sein dürfte als bisher.

Zu diese Veränderungen gehören die Individualisierung und Pluralisierung von Lebensformen (»Bastelbiographien«, »Patchwork-Familien«); die Notwendigkeit einer Arbeit mit Menschen, die im Sinne der »Mehrheitsgesellschaft« »kulturell stumm« zu sein scheinen, Migration und Multikulturalität, Gesetzmäßigkeiten und Folgeerscheinungen der »Panökonomisierung« bzw. der Kompetitionsspiralen globalen Wirtschaftens, die Allpräsenz der Populärkultur, schließlich die Macht der Medien.

Vor allem Differenz und Pluralität entsprechen der Eigenheit avancierter westlicher Gesellschaften, für die kennzeichnend ist, dass in ihnen neben weitreichenden Konsensen auch unterschiedliche Lebensformen und Wertvorstellungen aufeinander treffen. Nach einschlägiger Befürchtung könnte diese Vielfalt derzeit jedoch in eine Verfestigung des Partikularen umschlagen: in heterogene sozia-

---

4 Eine solche produktive Spannung schienen mir bei dem genannten Bochumer Kongress auch die Vorträge von Urs Thurnherr und Walter Schweidler zu eröffnen, die sich ebenfalls in diesem Band finden.

le Zusammenhänge, die sich gegeneinander verschließen und zu
einer wirklichen Kommunikation untereinander nicht mehr in der
Lage sind (»Parallelgesellschaft«). Sich mit der womöglichen Tendenz zu einer auf diese Weise kulturell fragmentierten Gesellschaft
auseinander zu setzen, bedeutet, wichtige Kontextbedingungen für
die Organisation von Bildungsprozessen zu klären, bestehen diese
doch ihrem Begriff nach auf dem Anspruch, grundlegende Orientie-
rungsfragen in einem gewissen *menschlichen Kontinuum*, in einem
gemeinsamen Gespräch aller Bildungssubjekte zu diskutieren. Für
den Einzelnen tritt hinzu, dass seine »Identitätsarbeit« durch die
Schwellen und Probleme des Lebenslaufes hindurch nicht nur unter
nachzuhaltenden sozioökonomischen Bedingungen erfolgt, sondern
auch in Freiheiten und Chancen, in letzteren jedoch mit – angesichts
eines zunehmenden »Regimes der Kurzfristigkeit« in den kulturellen
und Arbeitsverhältnissen – erheblich vergrößerten Risikopotentia-
len.[5] Die in den popkulturellen Medien erzeugte »Software« schließlich erfüllt einschlägiger pädagogischer Befürchtung zufolge dabei
sozusagen »ihren Part« in Prozessen, die gerade auch Schülerinnen
und Schülern mehr und mehr zu Funktionsanhängen marktinduzier-
ter Systemzwänge zu machen drohen.

Diese Veränderungen stellen für Bildungsprozesse eine massive
Herausforderung und zugleich für ihre Gestaltung eine wichtige
»Koordinate« dar. Sie erfordern eine gewisse *sozial- und kulturrefle-
xive Aufklärung und Information* hinsichtlich ihrer Gestaltung, wie
sie etwa, um ein konkretes Beispiel zu nennen, die ministeriellen
»Fächerspezifischen Vorgaben« für Lehramtsstudiengänge Philoso-
phie/Praktische Philosophie im Lande Nordrhein-Westfalen vorse-
hen. Auch die auf dem *Bochumer Kongress 2005* des »Forums für
Didaktik der Philosophie und Ethik« zugleich mit einer philosophischen Vergewisserung des Bildungsbegriffs diskutierte Wieder-
bzw. Neuentdeckung der Dimensionen der *Leiblichkeit, Bildhaftig-
keit* und des *Gefühls* bietet in meinen Augen Ansatzpunkte dafür,
dass sich der Bildungsdiskurs *konzeptionell* auf Felder einstellt, die

---

5   Ulrich Beck u. Elisabeth Beck-Gernsheim, *Riskante Freiheiten*, Frankfurt/M.
     1994; Richard Sennett, *Der flexible Mensch*, Berlin 1998; ders., *Die Kultur des
     neuen Kapitalismus*, Berlin 2005; Matthias Junge, *Individualisierung*, Frank-
     furt/M. 2002.

nicht zuletzt von den vorgenannten Tendenzen her thematisch werden.[6] In pädagogischer Perspektive hat schließlich jedes absichtsvol-
le Bemühen um menschliches Lernen sich den Herausforderungen
auch wirklich zu stellen, die in unserer Alltagswelt einen großen
Einfluss ausüben; sie sind *als aktuell einzurechnende Kontexte* von
besonderer Bedeutung, wenn denn an jener Grundidee der kulturellen Tradition und Aufgabenbestimmung insbesondere der Kulturwis-
senschaften festgehalten werden soll: an der Selbstgewinnung des
Menschen in der *Bildung*.[7]

3. Bildungs*system*innovationen: *Empirische Großstudien, neue szientifische Lernforschungen und Standardsetzungen* besetzen in Interaktion mit der Politik den pädagogischen Diskurs …

Das vielsträngig und vielfältig entwickelte »deutsche Projekt« der
Bildung, dessen knapper Aufruf unter Gegenwartsbedingungen in
den vorstehenden Bemerkungen für die hier verfolgten Zwecke genügen muss, steht in der Auseinandersetzung mit alternativen Kon-
zepten zur Beschreibung und Ausrichtung von Lernprozessen: von
den einstmals vielbeschworenen »Schlüsselqualifikationen« bis hin
zu einer – anscheinend zugleich konzeptuell adäquateren – Anglisie-
rung als »*education*«. Diese Konstellation der angeblich oder tatsächlich nötigen Präzisierung oder gar Neuorientierung einer »philosophisch herkömmlichen Bildung« gewinnt eine solche Brisanz, dass

---

6   Vgl. hierzu die Beiträge von Käte Meyer-Drawe, Klaus Blesenkemper und Bri-
     gitte Wiesen u. Bernd Rolf in diesem Band sowie zur Bildung in der Popkultur
     mein Bändchen: *Kultur oder Die Abenteuer der Vernunft im Zeitalter des Pop*,
     Leipzig 2004.
7   Vgl. hierzu auch meinen Beitrag »Philosophische Bildung als ›Arbeit am Lo-
     gos‹« in der vorliegenden Reihe der *Dresdner Jahrbücher* im Band 1: Johannes
     Rohbeck (Hg.), *Methoden des Philosophierens*, Dresden 2000, 13-29, sowie
     zur Philosophiedidaktik die Veröffentlichungen: *Theorie der Kulturellen Bil-
     dung. Zur Philosophie und Didaktik der Geisteswissenschaften*, München 1999
     und *Philosophische Bildung*, Münster ²2003.

Hans Merkens, Vorsitzender der *»Deutschen Gesellschaft für Erzie-hungswissenschaft«* (DGfE), deren dreizehn Sektionen die Fachfel-der wie Paradigmata der deutschen Pädagogik überspannen, in der Presse ihre Wissenschaftlichkeit verteidigen muss.[8] Der gesamte Apparat akademisch produzierter Schul-, Schulaufsichts-, Bildungs-organisations-, Unterrichtsforschung usw. orientiert sich auf ein ver-ändertes Theoriedesign hin, von dem nur ein Aspekt genannt sei: Die selbsterklärten Verwissenschaftlichungs- und Professionalisie-rungsprozesse der Pädagogik scheinen fast bereits deren *philosophi-sche Bezugnahmen* (z.B. auf die Hermeneutik in ihrer lange domi-nierenden geisteswissenschaftlichen Tradition, auf den Renaissance-Humanismus bei *Jörg Ruhloff*, auf Kant bei *Lutz Koch*, auf die Phä-nomenologie bei *Käte Meyer-Drawe*) zurückzudrängen.[9]

Vor allem die für eine öffentliche wie wissenschaftliche Wahr-nehmung höchst unbefriedigenden Ergebnisse deutscher Schülerin-nen und Schüler in den Untersuchungen der »PISA-Studie« (»*Pro-gramme for International Student Assessment*«)[10] haben sehr nach-haltige Veränderungsbemühungen für die Organe des Bildungswe-sens, für Schule, Lehrerbildung und Universität, für Theorie wie Praxis ausgelöst. Entsprechend findet sich eine große Fülle neuer Ansätze und interessanter Literatur produziert, in der unter anderem eine ebenso theoretisch neu aufgestellte wie empirisch ausgerichtete Pädagogik ihre Unterstützung bei der Bewältigung der neu wahrge-nommenen Bildungsprobleme anbietet. Eine entsprechende kurze Skizze, die sich die Dinge für die hier verfolgten Zwecke in Umris-sen zurecht legen möchte, könnte etwa die folgenden Punkte benen-nen:

---

8 »(Un)bedingt wissenschaftlich«, in: *Die Zeit*, Nr. 11 v. 10.03.2005 u. Nr. 13 v. 23.03.2005.

9 Vgl. z.B. Jörg Ruhloff (Hg.), *Renaissance-Humanismus*, Essen 1989; Lutz Koch, *Kants ethische Didaktik*, Würzburg 2003 sowie zur Konstatierung der angeführten Situation Käte Meyer-Drawe, »Über Pädagogik und Philosophie«, in: Dirk Rustemeyer (Hg.), *Symbolische Welten. Philosophie und Kulturwissen-schaften*, Würzburg 2002, 91-107, bes. 92, 103.

10 Vgl. Jürgen Baumert, Eckhard Klieme, Manfred Prenzel u.a. (Deutsches PISA-Konsortium) (Hg.), *PISA 2000 – Basiskompetenzen von Schülerinnen und Schülern im internationalen Vergleich*, Opladen 2000; vgl. auch Franz E. Wei-nert (Hg.), *Leistungsmessungen in Schulen*, Weinheim 2001.

(a) Zunächst schwappt eine sehr beeindruckende *Welle der Empirie* in die Bildungsdiskussion. In markanten Großbuchstaben kümmern sich »MARKUS« um die Mathematik in Rheinland-Pfalz, »DESI« um den Gebrauch des Deutschen und Englischen, »IGLU« um die Grundschul-Lesefähigkeit und »LEGO« womöglich demnächst um Bausteine der Lesekompetenz in allen Schulfächern. Das von den Regierungen der OECD-Mitgliedsstaaten gestaltete und höchst medienwirksam diskutierte Programm »PISA« verfolgt nicht die »Allmachtsphantasie«, »den Horizont moderner Allgemeinbildung zu vermessen«, sondern konzentriert sich auf unterschiedliche, »nicht wechselseitig substituierbare Modi der Welterfahrung«,[11] übrigens unter Berufung darauf, dass *Humboldt* einst im Königsberger und Litauischen Schulplan von 1809 sie ähnlich umrissen habe und dass sie in abgewandelter Form noch den »Aufgabenfeldern« der gymnasialen Oberstufe in Deutschland zugrunde liegen. »PISA« entwickelt eine Perspektive *selbstregulierten Lernens* und sucht solche »Basiskompetenzen zu erfassen«, die nicht lediglich aufgrund der fördernden Symbolwirkung von Bildungszertifikaten, sondern *als Kompetenzen* »in modernen Gesellschaften in persönlicher und wirtschaftlicher Hinsicht sowie für eine aktive Teilnahme am gesellschaftlichen Leben notwendig sind«.[12] Dabei setzt man den Schwerpunkt – insbesondere auch des zweiten Zugriffs aus dem Jahre 2003[13] – auf eine mathematische und naturwissenschaftliche Grundbildung (*Mathematical* bzw. *Scientific Literacy*) und damit nicht auf eine gesellschafts- bzw. kulturwissenschaftliche oder gar sinn- und wertorientierende bzw. philosophische Orientierung.

Ein für unsere Zusammenhänge wichtiger Ansatzpunkt ist es jedoch, dass als dritte neben den erwähnten naturwissenschaftlich-mathematischen Fähigkeiten eine *Reading Literacy* in den Blick gerät, die als Grundlage einer Teilhabe an geistigen Gehalten, Ideen und Wertvorstellungen eingeführt wird. Es ist die grundlegende Kulturtechnik des *Lesens*, in der »bestehende Vorstellungen durch das Ge-

---

11 Ebd., 21.
12 Ebd., 30.
13 Vgl. Jürgen Baumert, Manfred Prenzel u.a. (PISA-Konsortium Deutschland) (Hg.), *PISA 2003. Der Bildungsstand der Jugendlichen in Deutschland – Ergebnisse des zweiten internationalen Vergleichs*, Münster 2004.

lesene erweitert, bestätigt oder revidiert werden« und aufgrund deren
sich Möglichkeiten »des stellvertretenden Erlebens, der Planung von
Lebensentwürfen« etc. eröffnen.[14] Die PISA-Studie sucht deshalb
eine »Lesekompetenz« fünfzehnjähriger Schülerinnen und Schüler
(d.h. neunter/zehnter Klassen an der Pflichtschulgrenze) zu erfassen.
Unter Lesekompetenz wird ein »Textverstehen« als »Konstruktions-
leistung des Individuums« verstanden, das in insgesamt fünf »Kom-
petenzstufen« von einer untersten Ebene der Lokalisierung expliziter
Informationen über die Herstellung von Relationen bis hin zur Er-
richtung einer »kohärenten mentalen Repräsentation der Bedeutung
eines Textes« reicht.[15] Getestet werden erzielte »Verstehensleistungen« auf der Basis eines breiten Spektrums von Textsorten, typischen Anwendungssituationen und Leseaufgaben gemäß den »Be-
richtsskalen«: »Informationen ermitteln«, »Textbezogenes Interpretieren« und »Reflektieren und Bewerten«. Die Aufgaben der letztge-
nannten »Subskala« »verlangen vom Leser, den Text mit eigenen Erfahrungen, Wissensbeständen und Ideen in Beziehung zu setzen«[16]
und führen damit auch in die Nähe eines philosophisch relevanten
Interesses. Bedenkt man etwa, dass Schülerinnen und Schüler gerade
an den Gehalten der Philosophiegeschichte vornehmlich über Leseprozesse Anteil gewinnen, wird deutlich, wie wichtig und interessant
für die Philosophiedidaktik auch eine Untersuchung von Lesekom-
petenzen, wie von »PISA« in Angriff genommen, sein kann. Denn
wenn Bewusstseinsbildung aller kulturellen Erfahrung nach immer
Versprachlichung heißt und die Sprache sozusagen als die Physiognomie des Geistes erscheint, dann rekurriert schon der nächste
Schritt auf die grundlegende Kulturtechnik des Lesens: »Sprache
macht uns menschlich – Schriftsprache macht uns kultiviert«.[17] Die
Bedeutung der Schriftsprache ist offensichtlich, wissen auch die

---

14 Ebd., 69.
15 Ebd., 71.
16 Ebd., 79, 83.
17 Wilfried Bos, Eva-Maria Lankes, Manfred Prenzel, Knut Schwippert, Gerd
    Walther u. Renate Valtin (Hg.), *Erste Ergebnisse aus IGLU. Schülerleistungen
    am Ende der vierten Jahrgangsstufe im internationalen Vergleich*, Münster
    2003, 69 ff.

Verfasser der IGLU-Studie,[18] »erlaubt« sie doch »die Tradierung religiöser, philosophischer, literarischer und wissenschaftlicher Texte«.[19]

Nicht von Ungefähr gerät also die Lesekompetenz als eine besonders wichtige und auch für unsere Beobachtungen der Szenerie entscheidende *Schlüsselqualifikation* gesellschaftlicher und kultureller Teilhabe in den Blickpunkt wissenschaftlicher und wissenschaftspolitischer Aufmerksamkeit. Dies gilt von den deutschen PISA-Autoren am Berliner *Max-Planck-Institut für Bildungsforschung* wie *Jürgen Baumert, Cordula Artelt* und *Petra Stanat*[20] bis zum DFG-Schwerpunktprogramm »Lesesozialisation in der Mediengesellschaft«.[21] Zugleich etabliert sich offenkundig ein Feld, auf dem eine gleichsam vorrationale und intuitionistische Didaktik überwunden werden kann. Psychologen und empirische Bildungsforscher wie *Ulrich Schiefele, Wolfgang Schneider* und schließlich auch mehr

---

18 Die Konstruktionen des Leseverständnisses in IGLU und PISA sind übrigens durchaus unterschiedlich. Überlegt wird entsprechend eine Vergleichbarkeit oder Nicht-Vergleichbarkeit der (»besseren«) von IGLU für das vierte Grundschuljahr und der (aus welchen Gründen »schlechteren«?) von PISA für die Sekundarstufe I erhobenen Ergebnisse. Vgl. Andreas Voss, Knut Schwippert u. Claus H. Carstensen, »IGLU und PISA: Überlegungen zur Vergleichbarkeit der deutschen IGLU- und PISA-Ergebnisse«, in: Wilfried Bos, Eva-Maria Lankes, Nike Plaßmeier u. Knut Schwippert (Hg.), *Heterogenität. Eine Herausforderung an die empirische Bildungsforschung*, Münster 2004, 301-310.

19 Ebd.

20 Vgl. Ulrich Schiefele, Cordula Artelt, Wolfgang Schneider u. Petra Stanat (Hg.), *Struktur, Entwicklung und Förderung von Lesekompetenz. Vertiefende Analysen im Rahmen von Pisa 2000*, Wiesbaden 2004. – Für die Seite der Didaktik der *Naturwissenschaften* bzw. der *Mathematik* reicht die Institutionalisierung der Aktivitäten bekanntermaßen vom Kieler *Institut für Pädagogik der Naturwissenschaften* (IPN), Direktor *Manfred Prenzel*, bis zur Duisburg-Essener Forschergruppe *Naturwissenschaftlicher Unterricht* (NWU) um die Chemiedidaktikerin *Elke Sumfleth* u.a.

21 Vgl. Norbert Groeben u. Bettina Hurrelmann (Hg.), *Lesekompetenz. Bedingungen, Dimensionen, Funktionen*, Weinheim, München 2002; darin u.a. Norbert Groeben, »Zur konzeptuellen Struktur des Konstrukts Lesekompetenz«, 11-21, sowie Margrit Schreier u. Gerhard Rupp: »Ziele/Funktion der Lesekompetenz im medialen Umbruch«, 251-274. – Ich danke *Gerhard Rupp* (Bochum) für vielfache Einblicke.

und mehr Deutschdidaktiker[22] begeben sich an die Beantwortung
der Frage, wie denn näherhin ein adäquates »Konstrukt« eben dieser
Lesekompetenz auszusehen habe, wie ihr Erwerb mit sozialen Faktoren, Geschlecht und möglichem Migrationshintergrund zusammenhänge und wie sie wohl zu fördern sei. Verstehensleistungen, darauf
weisen sie dabei hin, ergeben sich teils textimmanent, teils muss für
sie *externes Wissen*[23] herangezogen werden. Zu erreichende »menta-
le Repräsentationen« von Textgehalten erscheinen ferner von Merkmalen des Lesers (Vorwissen, Dekodierfähigkeit, Lernstrategiewis-
sen), seiner Aufmerksamkeit, der Beschaffenheit des Textes und den
Leseanforderungen abhängig;[24] sie gelten gleichwohl für plausibel
testbar,[25] entsprechende *Lesestrategien* lassen sich einüben.[26] Und
mehr: Auch ein bestimmter weiterer *Gang von Forschung und Lehre*
lässt sich empfehlen. Für die deutschdidaktische Literatur etwa wird
ein großes Aufkommen an unterrichtspraktischen Arbeiten, jedoch
eine geringe Anzahl quantitativ-empirischer Studien konstatiert und
eine fortschreitende Verbindung von Didaktik und Empirie gefordert.[27] Der Psychologe *Norbert Groeben*, stolz auf seine »Sozialisa-

---

22 Vgl. Ulf Abraham, Albert Bremerich-Vos, Volker Frederking u. Petra Wieler
    (Hg.), *Deutschdidaktik und Deutschunterricht nach PISA*, Freiburg 2003; Mi-
    chael Kämper-van den Bogaart (Hg.), *Deutschunterricht nach der PISA-Studie*,
    Frankfurt/M. 2004; Juliane Köster, »Bildungsstandards – Eine Zwischenbi-
    lanz«, in: *Deutschunterricht* 58 (2005), 4-9; dies. u.a. (Hg.), *Aufgabenkultur
    und Lesekompetenz*, Frankfurt/M. 2004.
23 Heiner Willenberg, »Kompetenzen brauchen Wissen. Teilkompetenzen beim
    Lesen und Verstehen«, in: Hansjörg Witte, Christine Garbe, Karl Holle, Jörn
    Stückrath u. Heiner Willenberg (Hg.), *Deutschunterricht zwischen Kompetenz-
    erwerb und Persönlichkeitsbildung (Germanistentag des Fachverbandes
    Deutsch im Deutschen Germanistenverband 1999)*, Hohengehren 2000, 69-84.
24 Cordula Artelt, »Zur Bedeutung von Lernstrategien beim Textverstehen«, in:
    J. Köster u.a. (Hg.), *Aufgabenkultur und Lesekompetenz*, a.a.O., 61-75; Über-
    blicksschema 64, vgl. 68.
25 Heiner Willenberg, »Wie und wie weit kann man Textverstehen durch Testauf-
    gaben erfassen?« Ebd., 10-31.
26 Heiner Willenberg, »Lesestrategien«. Vermittlung zwischen Eigenständigkeit
    und Wissen, in: *Praxis Deutsch* 31 (2004), 6-14.
27 Heiner Willenberg, »Das Forschungsprojekt DESI als Beispiel für die Kombi-
    nation von Didaktik und Empirie«, in: Jörn Stückrath u. Ricarda Strobel (Hg.),
    *Deutschunterricht empirisch. Beiträge zur Überprüfbarkeit von Lernfortschrit-
    ten im Sprach-, Literatur- und Medienunterricht*, Baltmannsweiler 2005, 34-48.

tion in den beiden Kulturen [...], sowohl der empirisch-szientifi-
schen als auch der literarisch-literaturwissenschaftlichen«, hält gar
eine schulpraktische Erfahrung der Hochschuldidaktiker für entbehr-
lich, auf keinen Fall aber deren Qualifikation in empirischer Unterrichtsforschung.[28]

Verschiedene Modellierungen empirischen Erfassens suchen also, so können wir resümieren, Lernprozesse sozusagen »einzelschrit-
tig operationalisierend« nachzuhalten;[29] eine neue (schulische) *Unterrichtsforschung*[30] etabliert sich. Neben den Rekurs auf die »klassischen« didaktischen Ansätze eines *Klafki* oder *Schulz* tritt in aktuellen Darstellungen der »Theorien und Modelle der Didaktik«
(*Herwig Blankertz*) deswegen signifikantermaßen ein Kapitel »Ergebnisse empirischer Unterrichtsforschung« hinzu.[31]

Bereits angemerkt sei an dieser Stelle, dass Empirie und Tests
auch Beiträge zum Bildungsklima sowie zu den Evaluationsinteres-
sen der Bildungspolitik zu leisten versprechen. Was in früheren Zeiten – so erklärt der Empiriker *Wilfried* Bos vom unter anderem mit
IGLU beschäftigten Dortmunder *Institut für Schulentwicklungsfor-
schung* (IFS) dem Bildungsmedium Fernsehen – im Klassenraum
vorgegangen sei, nachdem der Pädagoge die Tür hinter sich geschlossen habe, sei verborgen geblieben; nun aber habe man sich in
den Lehrerkollegien an eine Kultur des Überprüfens und Messens
und des Vergleichens von Klasse zu Klasse und Schule zu Schule zu
gewöhnen. Wenn die Empiriker in die nunmehr für »Lernstandserhe-

---

28 Norbert Groeben, »Auf dem Weg zu einer deutsch-didaktischen Unterrichtsfor-
    schung?«, in: ebd., 7-33. Vgl. auch ders. u. Egon Erb, »Menschenbilder«, in:
    Jürgen Straub, Wilhelm Kempf u. Hans Werbik (Hg.), *Psychologie. Eine Ein-
    führung: Grundlagen, Methoden, Perspektiven*, München [4]2002, 17-41.

29 Eines bleibt freilich festzustellen: all diese Untersuchungen beziehen sich auf
    die Plausibilität von Aussagen über die Versuchstexte und die Erfolgsangemes-
    senheit ihrer Form – im Rahmen einer nationalen Ergänzung des Tests auch auf
    ein »Lernen aus Texten« als »Behaltens- und Erinnerungsleistungen« (J. Bau-
    mert, M. Prenzel u.a. (Hg.), *PISA 2003*, a.a.O., 84) –, weniger aber, so muss
    man als Einwand befürchten, auf deren *Beitrag zur Bildung in einem avancier-
    teren Sinne ihres Begriffs.*

30 Vgl. Andreas Helmke, *Unterrichtsqualität – erfassen, bewerten, verbessern*,
    Seelze [2]2004.

31 Gerhard Tulodziecki, Bardo Herzig u. Sigrid Blömeke, *Gestaltung von Unter-
    richt. Eine Einführung in die Didaktik*, Bad Heilbrunn 2004, 171 ff, 193 ff.

bungen«[32] aller Art »offenen Klassenzimmer« kommen, sind sie bei weitem nicht die einzigen Besucher, denn im Sinne eines »Schul-TÜV« sind längst auch die Leitenden Regierungsschuldirektoren und sonstigen Schulinspektoren aus Ministerien und Bezirksregierungen verstärkt unterwegs und »malen«, so berichtet jedenfalls die einschlägige Presse, »Kringel in vorformulierte Beobachtungsbögen«.

(b) Wenn dies nichts hilft, so scheint es, soll eine *Hirnforschung* die von »PISA« benannten Probleme lösen. Ihre Wissenschaftler treten mit szientifischem Erlösungsgestus an pädagogische Prozesse heran, die sie – nicht unähnlich manchem empirisch forschenden Hochschulpädagogen – allzumeist ihrerseits selbsterklärt in der Praxis (nämlich als Lehrerinnen und Lehrer) niemals betrieben haben. *Manfred Spitzers* »Transferzentrum für Neurowissenschaften und Lernen« sucht ein sozusagen »hirngerechtes Lernen« zu bestimmen, damit wir, wie es auf der Netzseite der Institution[33] in schöner Zielsetzung heißt, »international wieder einen Spitzenplatz« erreichen. Was die Neurodidaktik uns lehrt, muss hier im Detail allerdings ebenso offen bleiben, wie eine Einschätzung der Beiträge, die von ihr zur Beförderung von Bildungsprozessen am Ende tatsächlich zu erwarten sind. Lernen sei (so war es allerdings auch bereits vom populären Klassiker des Genres[34] zu vernehmen) stark von motivationalen Faktoren/Werthaltungen, von der Lernumgebung, von Anschaulichkeit usw. abhängig (»Der Stress der Mathematikstunden hat Konsequenzen für's Leben«). Zu den für die Organisation von Bildungsprozessen zu berücksichtigenden Faktoren tritt damit erkennbar und anerkennbar hinzu, was die Hirnforschung landauf,

---

32 Wie die anderen Länder der Bundesrepublik unterhält z.B. Nordrhein-Westfalen ein »Landesinstitut für Schule« (in Soest), das, einst praxisfremder Theoretisierung verdächtigt, aktuell zur »Qualitätsagentur« wird und die Lehrerinnen und Lehrer in Mathematik, Deutsch und Englisch »Zentrale Lernstandserhebungen« in der Jahrgangsstufe 9 durchführen lässt. Vgl. www.lfs.nrw.de und www.learn-line.nrw.de/angebote/lernstand9/. Das »Deutsch-Aufgabenheft« etwa besteht vor allem aus Ankreuzoptionen verschiedener Art zu Lesetexten.

33 Vgl www.znl-ulm.de, Stand Winter 2005.

34 Frederic Vester, *Denken – Lernen – Vergessen*, Stuttgart 1975; Manfred Spitzer, *Lernen. Gehirnforschung und die Schule des Lebens*, Heidelberg, Berlin 2002.

landab – selbst in einem ebenso szientifisch rasant fortschreitenden wie natürlich auch als wissenschaftshistorisch überholbar einzuschätzenden Prozess begriffen – entwickelt, etwa das Modell einer nutzungsabhängigen »Plastizität« neuronaler Strukturen, die sich gleichsam in Kohärenz zu den sich aufbauenden Lerncharakteren selbst ausmodellieren, sowie entsprechend didaktisch zu nutzender »Fenster« und »Muster«.[35] Skepsis jedoch dürfte geboten sein gegenüber dem Versuch, in direkter und konstitutiver Weise Bildungsprinzipien aus den Neurowissenschaften ableiten zu wollen. Freilich scheinen – und damit deutet sich ein nächstes Problemfeld an – unterschiedliche Kriterien dafür im Umlauf, worin sich denn der Erfolg eines Bildungswesens *überhaupt* messen lasse.

(c) Angesichts einer hohen öffentlichen Aufmerksamkeit für die von »PISA« und anderen Akronymen in einer schon bald sprichwörtlich gewordenen Weise angezeigte Grundbildungsproblematik hat nämlich schließlich auch die *Politik* nach Wegen gesucht, von denen sie annimmt, dass sie zu Verbesserungen führen könnten. »Nationale Bildungsstandards« beschreiben nun im Landes des Kulturföderalismus diejenigen Kompetenzen, die Schülerinnen und Schüler in bestimmten Altersstufen erworben haben sollen.[36] Dem szientifischen Wandel der Pädagogik hin zu Statistik und empirischer Psychologie folgt ein entsprechender Kurswechsel der Bildungspolitik. Die Ständige Konferenz der Kultusminister der Länder (KMK) beschließt die Gründung eines »Instituts zur Qualitätsentwicklung im Bildungswesen« (»IQB«) an der Berliner Humboldt-Universität. Dessen Direktor, *Olaf Köller*, erklärt in einem Beitrag zur zeitgleich aufkommenden »Schul-Ranking«-Debatte, man »versetze [...] Lehrer nur durch das konsequente Messen von Schülerleistungen in die Lage, ihren Unterricht wirklich zu verbessern«. Hinzu tritt die Implementierung von Bildungsstandards für die ein-

---

35 Vgl. Heinz Schirp, »›Wie lernt unser Gehirn Wertorientierungen?‹ Neurologische Befunde und schulpraktische Ansätze«, in: Landesinstitut für Schule NRW (Hg.), *Erziehungskultur und soziales Lernen*, Soest 2004, 8-22.

36 Vgl. Sekretariat der Ständigen Konferenz der Kultusminister der Länder in der Bundesrepublik Deutschland (geleitet übrigens vom Philosophen *Erich Thies*), *Entwicklung und Implementierung von Bildungsstandards*, Bonn 2003; »Klieme-Kommission«, *Zur Entwicklung nationaler Bildungsstandards – Eine Expertise*, Berlin 2003.

zelnen Fächer inclusive ihrer Überprüfung.[37] In diesen werden nicht mehr nach deutscher Tradition ein zu vermittelnden »Stoff« und seine Zielerwartungen formuliert, sondern nach angelsächsischem Muster »output-orientiert« die Kompetenzen festgeschrieben, über die Schülerinnen und Schüler mit Abschluss der jeweiligen Bildungsstufe verfügen sollen.

Schon stellen sich die Didaktiker der Einzelfächer die Frage nach ihrem jeweiligen Beitrag zu entsprechenden Bildungsstandards,[38] so in der *Geschichtsdidaktik,*[39] in den sinn- und wertorientierenden Fächern, z.B. in *evangelischer*[40] und *katholischer*[41] *Reli-*

---

37   Vgl. hierzu www.iqb.hu-berlin.de, den Beitrag »Die Liste der Besten« von Jan-Martin Wiarda in der »Zeit« Nr. 49 v. 01.12.2005, sowie den Überblick über die einschlägigen KMK-Beschlüsse seit 2001 in: Joachim Hofmann-Göttig, Winfried Eschmann u. Cäcilie Daumen, »›Und sie bewegt sich doch.‹ Vom Umgang mit den Ergebnissen externer Evaluation aus der Sicht von Bildungspolitik und Schulaufsicht«, in: *Standards. Friedrich-Jahresheft* 23, Seelze 2005, 32-36.

38   So empfiehlt im Rahmen einer einschlägigen Veröffentlichung der im Jahre 2001 gegründeten »Gesellschaft für Fachdidaktik« (GFD), Dachverband der Fachdidaktiken, der Deutschdidaktiker *Kaspar H. Spinner* eine »Vermittlung von Lesekompetenz als Aufgabe aller Fächer«; entsprechend werden die Fächergruppen der *Sprachen, Humanwissenschaften, Naturwissenschaften* etc. auf ihre jeweiligen PISA-Konsequenzen hin befragt. Vgl. Horst Bayrhuber, Bernd Ralle, Lutz-Helmut Schön u. Helmut Johannes Vollmer (Hg.), *Konsequenzen aus PISA. Perspektiven der Fachdidaktiken*, Innsbruck 2004. – Vgl. auch Eckhard Klieme u. Brigitte Steinert, »Einführung der KMK-Bildungsstandards. Zielsetzungen, Konzeptionen und Einführung in den Schulen am Beispiel der Mathematik«, in: *Der mathematische und naturwissenschaftliche Unterricht* (MNU) 57 (2004), 132-137.

39   Hans-Jürgen Pandel, *Geschichtsunterricht nach PISA. Kompetenzen, Bildungtandards und Kerncurricula*, Schwalbach/Taunus 2005 (Forum Historisches Leren). Pandel bringt die Kategorien der Bildungssysteminnovation in die »klassischen« geschichtsdidaktischen Konzepte von »Geschichtsbewusstsein« und »Geschichtskultur« ein.

40   Friedrich Schweitzer, »Bildungsstandards auch für Evangelische Religion?«, in: *Zeitschrift für Pädagogik und Theologie* 3 (2004), 236-241. Schweitzer verteht es dabei als »keinen grundlegenden Einwand gegen Standards und Kompetenzen«, wenn er feststellt, »dass das Wichtigste und Beste am Religionsunterricht, aber auch an der Schule sich gerade nicht in Kompetenzen oder Standards ausdrücken lässt«. Ebd., 240.

gionslehre, in der *Philosophie*[42] sowie im Fach *Ethik* süddeutscher Bundesländer.[43] In der personell vergleichsweise gut ausgestatteten *Deutschdidaktik* hat längst eine Debatte um das Verhältnis fachdidaktischer Theoreme aus jener Zeit, »da Pisa noch eine Stadt war«, zu den neuen Entwicklungen eingesetzt. Eine »Standardisierungswut« – so hat man dies jedenfalls genannt – ergreift immer mehr Bereiche, zum Beispiel auch den der Lehrerausbildung, *so dass insge-*

---

41 Andreas Verhülsdonk, »Bildungsstandards im kath. Religionsunterricht«, in: Jürgen Rekus (Hg,), *Bildungsstandards, Kerncurricula und die Aufgabe der Schule,* Münster 2005, 191-203. Zwischen Bildungspathos und Erziehungswirklichkeit, so heißt es hier, ermöglichten Standards und deren Überprüfung eine »realistische Einschätzung dessen, was Schule und Unterricht bewirken können« ebd., 202.

42 Christian Gefert, »Bildungsziele, Kompetenzen und Anforderungen – Perspektiven für die Entwicklung von Bildungsstandards in philosophischen Bildungsprozessen«, in: Ekkehard Martens, Christian Gefert u. Volker Steenblock (Hg.), *Philosophie und Bildung. Beiträge zur Philosophiedidaktik,* Münster 2005 (Philosophie und Bildung, 1), 135-146. Der Beitrag befürwortet für die Lehrplanentwicklung im Stadtstaat Hamburg in Grenzen eine Standardentwicklung, da sich mit ausformulierten Standards das zugrunde gelegte Konzept eines Philosophierens als grundlegende Kulturtechnik differenzierter bestimmen lasse. Für den Philosophieunterricht werden drei Anforderungsebenen entwickelt. Ein Begriff philosophischer Bildung sei »zu operationalisieren und daraus spezifische Teildimensionen bzw. Niveaustufen abzuleiten«; zu diesem Zwecke lasse sich das Philosophieren als ein vielfältig und iterativ einsetzender Prozess des »Deutens von Deutungen« (ebd., 137) begreifen.

43 Monika Sänger, »Die neuen Bildungsstandards Baden-Württemberg, Gymnasium Ethik«, in: *Zeitschrift für Didaktik der Philosophie und Ethik* 26 (2004), 253-262; dies., »Die Lust am eigenen Denken«, in: Günter Abel (Hg.), *Kreativität. XX. Deutscher Kongress für Philosophie,* Sektionsbeiträge, Bd. 2, Berlin 2005, 781-789, bes. 786 ff. Die Beiträge der Lehrplanautorin betonen, dass die Festlegung zu erwartender Kompetenzen keine Konditionierung, sondern eine – bloßer Beliebigkeit widerstreitende – regelnde Freisetzung vorhandener kreativer Potentiale bedeute. Im Rahmen einer »analytischen Dimension« wird in den oben angegebenen Standards z.B. gefordert, dass Schülerinnen und Schüler an einem bestimmten Punkt ihrer Bildungsbiographie über die Fähigkeit verfügen, mit eigenen Stärken wie Grenzen und Schwächen reflektierend umzugehen und sich ihre Neigungen und Interessen bewusst zu machen. Auf »einer höheren Bildungsstufe« sollen philosophische Theorien herangezogen werden und schließlich ein moralisches Urteilen aus »sittliche[r] Autonomie« möglich werden. Analog finden sich eine »hermeneutisch-kommunikative« und eine »kreativ-konstruktive« Dimension ausdifferenziert.

samt nichts weniger als eine groß angelegte Transformation des ge-
sellschaftlich organisierten Lernens sich zu ergeben scheint.

Ein technokratisch begründeter und inszenierter Umbau der Bildung gewinnt damit – so wird bemerkt – einen universellen, systemi-
schen Charakter. Allen vorgenannten Tendenzen ist nämlich eigen,
dass sie ganz offensichtlich in einem *Konnex* erscheinen und durch
ihren *Verbund* im Sinne von Bildungs*system*innovationen wirken. So
ist der »empirischen Wende« bereits eine ähnliche Bedeutung zuge-
schrieben worden wie einst der Artikelserie von *Georg Picht* über
die sprichwörtlich gewordene »Deutsche Bildungskatastrophe« aus
dem Jahre 1961. Beide implizieren einen Systemwechsel, wie ihn
wiederum eine weitere akademisch-pädagogische Disziplin, die *Bil-
dungs- und Sozialgeschichte*, bereits entsprechend einzuordnen
weiß, nämlich als »neue[] ›realistische[] Wendung‹, die weitaus ra-
dikaler sein könnte als der strukturelle und inhaltliche Wandel, der
sich vor etwa vierzig Jahren vollzog«. Es gehe, so wird konstatiert,
dabei nicht zuletzt darum, »ob aus der deutschen Erziehungswissenschaft eine ausreichende Zahl von Experten und Nachwuchswissen-
schaftlern zur Verfügung gestellt werden kann, die die Bereitschaft
und Qualifikationen besitzen, in den nächsten Jahren die empirischen Forschungen auf dem Niveau der international entwickelten
Instrumente durchzuführen, die sich aus PISA und den Folgen ergeben «.[44]

4. ... und fordern Kritik heraus.

Freilich stellt sich die Frage: *Wie viel an aller Bildung lässt sich, wie
es das offenbare Anliegen der neueren Entwicklungen ist, in methodisch nachvollziehbare Einzelschritte zerlegen?* Wie hoch ist der
empirisch messbare und in »Standards« und »Kompetenzen« festzu-
schreibende Anteil an Bildungsprozessen? Bei dem Versuch, diese
Frage zu beantworten, ergibt sich ein Feld von Stellungnahmen zwischen »Reformverweigerung« einerseits und »technokratischer Er-

---

44 Vgl. Bernd Zymek, »Ursachen und Konsequenzen von PISA 2000«, in: Dirk
    Rustemeyer (Hg.), *Erziehung in der Moderne. Festschrift für Franzjörg Baum-
    gart*, Würzburg 2003, 207-236.

neuerung« andererseits, zwischen der *Bildung* in einem nachhaltigeren Sinne auf der einen und dem immer weiter getriebenen Versuch, Kompetenzen und Standards »operationalisierbar« zu machen, auf der anderen Seite.

Bildung – das ist doch offensichtlich der allerkomplexeste Vorgang im Universum! Wie sollte sich dieses so besondere kulturelle Phänomen *messen* lassen? Die eigentlich pädagogischen Anliegen, zum Beispiel philosophische Debatten mit Schülerinnen und Schülern im Unterricht oder das Erlebnis gelingender Theateraufführungen,[45] kurz: das gemeinsame Arbeiten von Menschen aneinander und miteinander, jenes, was wichtig und schön ist in unseren Bildungsprozessen, – all dies stellt gleichsam die Frage: wer will mit Videogerät, Mess-Elektroden und Abhakliste danebenstehen?

Es mag der Satz gelten: Je komplexer (und damit interessanter!) Bildungsprozesse werden, umso schwieriger dürfte es sein, ihre Qualitäten und Ergebnisse mit ausschließlich quantitativen Mitteln zu erfassen. *Bildung*, so entwickelt es die eingangs angedeutete Tradition in ihrer Begriffsbestimmung, bedeutet ein wirkliches Bewegen und Sich-Bewegen, bedeutet für jede(n) Einzelnen, sich selbst und andere als Aufgabe zu begreifen. Jahrhunderte kultureller Arbeit: Antike, Aufklärung, Wissenschaft prägen ihre Formen und Inhalte. Als die Erben dieser Traditionen und in unterschiedlicher Teilhabe an dieser Arbeit urteilen wir selbst dann noch, wenn wir mit dem viel zitierten »Alltagsverstand« die Dinge betrachten.[46]

---

45 Vgl. beispielsweise zur Dokumentation die entsprechenden Beiträge von Werner Coenen und Reinhard Pelz in: Winfried Greber, Volker Steenblock u. Klaus Tesching (Hg.), *Schulische Bildung in einer veränderten Gegenwart. Immanuel-Kant-Gymnasium Hiltrup*, Münster 1999, 131 ff. sowie von Schülerinnen und Schülern eines Philosophie-Leistungskurses in meinem Band *Philosophiekurse*, Münster 2003, 95-125.

46 Dieser ist also nicht eine unhintergehbare oder gleichsam nur »wildwüchsige« Instanz, sondern bereits das Ergebnis kultureller Prozesse (und bei weitem nicht nur solcher der Migration bzw. der religiösen Prägung aus jeweiligen Herkunftsländern) sowie zugleich deren Aufgabe. Niemandem, der an den verschiedenen Bildungsorten mit unterschiedlich geprägten kulturellen Bewusstseinsständen konfrontiert ist, sagt dies etwas Neues. Bildungsangebote müssen sich folglich in einem immer komplexeren Feld situieren, wenn sie sich der individuellen und zugleich kulturellen Emanzipation der Teilnehmenden verpflichten und sich auf ein lebensbegleitendes, prägendes Lernen hin ausrichten.

Vor diesem Hintergrund wird verständlich, warum der skizzierte Paradigmawechsel einen radikalen Bruch von »normativ aufgeladenen Steigerungsbegriffen« eines Bildungseigentlichen hin zu einer »Nüchternheit des Weltzugangs« bedeutet[47] – vielleicht aber auch den Verlust grundlegender pädagogisch-philosophischer Dimensionen in einem Selbstermächtigungsgestus scheinobjektiver Quantifizierung und Statistik. Entsprechend treten die *Skeptiker* auf, die den Erfolg des gesamten Spektrums der Neuorientierung aus unterschiedlichen Perspektiven heraus bestreiten.[48]

Der an unseren Bildungsanstalten vollzogene Doppelschritt von Deregulierung und Autonomisierung auf der einen und »Qualitätssicherung« auf der anderen Seite entspreche einem bloß ökonomischen Denken (*Jürgen Rekus*): »Sie sind Ausdruck der sogenannten ›Neuen Steuerungsmodelle‹ im öffentlichen Sektor (New Public Management), bei denen die Entscheidungskompetenzen und Verantwortlichkeiten nach unten verlagert werden (top down, wie es in der Betriebswirtschaft heißt) und zugleich die Standards für die zu leistende Arbeit ›von oben‹ vorgegeben werden (bottom up)«.[49] Dies trifft, wie es scheint, die »selbständigen Schulen« ebenso wie die mit »Globalhaushalten« versorgten Universitäten: ökonomischer Funktionalismus und marktförmiges Denken erobern den Bildungssektor; an die Stelle der Persönlichkeitsbildung tritt eine »Personalentwicklung«, die den Menschen jene Qualifikationen abverlangt, die sich zum profitablen Einsatz im Zeitalter der Panökonomisierung eignen, an die Stelle des eingangs zitierten Humanismus tritt das »Humankapital«. Das Bildungswesen sei »kein Wirtschaftsbetrieb« (*Jörg Ruhloff*) heißt es im »Frankfurter Einspruch« kritischer Pädagogen 2005.[50] Und *Rolf Arnold* konstatiert eine »im Gewande [...] arrogante[r] Entschiedenheit« daherkommende »Displaced Concret-

---

47 Heinz-Elmar Tenorth, Stichwort: »›Grundbildung und Basiskompetenzen‹. Herkunft, Bedeutung und Probleme im Kontext allgemeiner Bildung«, in: *Zeitschrift für Erziehungswissenschaft* 7 (2004), 169-182, 176.

48 Vgl. Ulrich Herrmann, »›Bildungsstandards‹ – Erwartungen und Bedingungen, Grenzen und Chancen«, in: *Zeitschrift für Pädagogik* 49 (2003), 625-639.

49 Jürgen Rekus, »Nationale Bildungsstandards – Grundlage von Schulqualität?«, in: ders. (Hg,), *Bildungsstandards, Kerncurricula und die Aufgabe der Schule*, a.a.O., 77-90, hier: 78.

50 Nachzulesen im Herbst 2005 unter http://idw-online.de/pages/de/news130535.

ness«, die »in Wahrheit nichts zu erklären vermag«, aber, »neoliberal kontaminiert[]«, einen »PISA-Drill« und »Ausverkauf der Pädagogik« in Gang zu setzen droht.[51] Entsprechend sei es auch nicht zu übersehen, so die Kritiker weiter, dass jene OECD alles andere als eine pädagogische Instanz sei, eine wirtschaftspolitische nämlich, in deren Auftrag die leistungsorientierten Studien erstellt werden, die die Diskussion so sehr in Bewegung gesetzt haben.

Lehrende, so wird befürchtet, werden bei alledem zu »Exekutivorganen der Standardvorgaben« (*Lutz Koch*), welche die curricular zu erzwingenden Lernresultate ihrer Schüler zur Outputnorm gestalten. Dieser Definition nach sind erfolgreiche Pädagogen dann diejenigen, die es verstehen, gewisse Kompetenzen tatsächlich nachhaltbar zu vermitteln, nicht diejenigen, die sich für die Persönlichkeiten ihrer Schülerinnen und Schüler interessieren und für ihre Entwicklung verantwortlich fühlen. Der Akzent verlagere sich entsprechend, heißt es, von einem Aufbau reflexiver Strukturen bei Schülerinnen und Schülern, die zu Subjekten des Vorgangs der Bildung ihrer selbst werden können, hin zu einem »Nachschreiben«, »Memorieren«, »Parat haben«, »Abprüfen können«, »Zensieren können«, »Evaluieren«, »Verfügbar machen«. Eine Logik der Evaluation droht, die *in ihrem Wesenskern auf schöpferisches Engagement angewiesenen* Lehr-Lernprozesse zu dominieren; aus lebendiger Bildung im Sinne einer Aneignung der Welt wird »vermessene Bildung« (Hartmut von Hentig).

Durch die PISA-Debatten unter Druck, könnten die Schulministerien versucht sein, zur Qualitätskontrolle wiederum eine Art »Dauer-PISA« (Jürgen Oelkers) zu installieren. Die »Effizienzdidaktik« der aufgeschreckten Kultusbürokratie, sagen die Kritiker weiter, konzentriere sich dabei aber nur auf diejenigen Bereiche, die durch Vergleichsevaluationen verfügbar gemacht werden und überprüft werden können. Kriterien einer *Bildung* finden sich durch all dies letztlich umdefiniert: sie gelten nun lediglich noch auf das hin, was sich per Testaufgaben nachweisen lässt. An die Stelle einer philosophisch-reflexiven Zielperspektive tritt das Zauberwort der »Quali-

---

51 Rolf Arnold, »›Die PISA-Lüge.‹ Die Wiedererstarkung mechanistisch-linearer Pädagogik und ihrer Bildungspolitik«, in: *Standards. Friedrich-Jahresheft*, a.a.O., 65-66.

tätsentwicklung«. Wie erleichternd, so die Kritik schließlich, ist dies
doch alles: Nun haben die Lehrerinnen und Lehrer – die ja viel zu
tun haben – ein Schema und brauchen sich um die *Subjekte* nicht
mehr zu kümmern.[52]

5. Philosophische Bildung im Prozess der Kultur

Im Rahmen der Oldenburger Karl-Jaspers-Vorlesungen hat der renommierte Philosoph *Dieter Henrich* – in der Absicht, die »Philosophie im Prozess der Kultur« (so sein Vortragstitel) zu verorten – mit
dem skeptischen Blick des emiritierten Ordinarius auf neue Organi-
sationsformen der Universität beklagt, dass die mittlerweile einge-
richtete Bachelor-Master-Studienstruktur eine Art bloßer Berufsaus-
bildung und »gymnasialer Oberstufe« einführe und ein den begabte-
ren Studierenden feindliches, kreativitätsbehinderndes Korsett er-
richte, zudem den oktroyierten Trend einer Eurobürokratie verkörpe-
re und schließlich auch nur deswegen möglich sei, weil »die Kultur«
in Deutschland ihre »eigenständige Gravitation« verloren habe – und
mit ihr die Philosophie. Leider sei gegenwärtig mit dem rettenden
»Rückenwind eines kulturellen Aufschwungs«, wie er einst einen
Humboldt begünstigt habe, nicht zu rechnen. Henrichs Stellungnah-
me ist nur eine aus einer ganzen Reihe gegenwärtiger Überlegungen
zum Status der Bildung – hier in ihren universitären Erscheinungs-
formen –, die die Dichotomie von Bildungstradition und Bildungs-
system-Innovationstendenzen in unterschiedlichen Perspektiven als
ein *Auseinanderfallen von Bildung und Ausbildung* thematisieren.
So wird an anderer Stelle konstatiert, dass eine Zweiteilung in Be-
rufs- und Wissenschaftsorientierung universitär eine durchaus miss-
liche Option wäre. Der große Erfolg der Humboldtschen Reformen
habe darin bestanden, dass die »traditionelle Ausbildungsorientie-
rung durch eine Bildungs- und Forschungsorientierung ersetzt und –
paradoxerweise – damit nicht nur eine wissenschaftliche Dynamik

---

52 Die Kritik ist grundsätzlich; berechtigt scheinen die Standardisierungen aus der
    Sicht ihrer Kritiker lediglich in einem negativ-schützenden Sinne: Sie können
    verhüten, dass im Unterricht nur Tagesfragen oder nur das Steckenpferd des
    Lehrers behandelt werden, dass Irrelevanz und Leerlauf Einzug halten.

ausgelöst wurde, die in einer raschen Etablierung neuer Forschungsrichtungen ihren Ausdruck fand, sondern die Studierenden befähigte, selbstständig zu denken und zu urteilen und sie erst damit für ein wachsendes Berufsspektrum qualifizierte.« Bloße »Vermittlung«, Lehrbuchfixierung und »kanonisiertes Bildungswissen« erscheinen von hierher als der falsche Weg.[53]

Aus dem entgegengesetzten Blickwinkel – und mit Blick auf die Schule – lässt sich jedoch mit dem Züricher Pädagogen *Jürgen Oelkers* auch die Frage erheben, ob die »durchaus wenigen Fragmente Humboldts« überhaupt geeignet seien »für die Analyse von Großsystemen, die heute global und flächendeckend Schulwesen verbreiten«. Ihre staatliche Organisation und Finanzierung macht die Schulen erst möglich, die zugleich für eine »Bildungsökonomie« als »Fass ohne Boden« erscheinen können, in die immer mehr zu investieren das Bildungsresultat kaum verbessere, sondern nur den Aufwand erhöhe. Gegenüber diesem *System* und seinen Problemen kann »Bildung« in einem eminenten Sinne als Ausdruck dafür gelten, »auf möglichst hohem Niveau und unabhängig weiterlernen zu können«. Eine entsprechende »humanistische Differenz« steht für Oelkers in einem gewissen Widerspruch zur historischen Aufgabe eines hohen Durchschnitts an Schulbildung, die alle Kinder, und dies möglichst gleich, zu Schülern machen wollte: »Bildung, gerade eine solche, die sich humanistisch nennt, ist eine persönliche, nicht eine institutionelle Lernhaltung«.[54]

Beide Stellungnahmen verdeutlichen in ihrem Rekurs auf unterschiedliche Bereiche unseres Bildungssystems, dass mit der Konjunktur der Bildungs*system*innovationen die Tradition der *Bildung* keineswegs eingeholt bzw. gar abgegolten erscheint. Allerdings rückt eine Bildung*eigentlichkeit* in ein konträres Verhältnis zu den methodischen Schritten ihrer Umsetzung. Dies wiederum verstärkt

---

53 Vgl. Julian Nida-Rümelin, »Das hat Humboldt nie gewollt. Weil wir uns nur für den wirtschaftlichen Nutzen interessieren, verkennen wir den Weg der Bildung. Das muss sich ändern. Aus Deutschland sollte wieder eine Kulturnation werden. Ein Plädoyer«, in: *Die Zeit*, Nr. 10 v. 03.03.2005, 48.

54 Vgl. Jürgen Oelkers: »Wo bleibt das humanistische Bildungsideal«?, in: *Universitas* 56:661 (2001), 700-707; ders., »Bildungsstandards vor dem Hintergrund der Schulgeschichte«, in: *Zeitschrift für Pädagogik und Theologie* 56:3 (2004), 195-205.

noch einmal den Eindruck, dass zwischen Bildungstradition und Bildungs*system*innovation ein ungelöstes Vermittlungsproblem besteht.

Wie aber ließen sich *gesellschaftlich organisierte Lernprozesse in den Prozess der Kultur nachhaltiger einbringen?* Es wäre, so scheint es mir, ein technokratisches Missverständnis, die vielfachen lebendigen Bildungsprozesse an allen Bildungsorten restlos oder auch nur im Prinzip in Kompetenzen und Standards überführen zu wollen. Umgekehrt hat jedoch sehr wohl jede bildungstheoretische Zielbestimmung sich der Aufgabe zu stellen, grundlegende und wichtige Ziele in bestimmten Erwartungen festzulegen. Sie tut das in Lehrplänen und »Erwartungshorizonten« zwar seit jeher – die Frage geht jedoch noch ein wenig weiter und über diese bisherige Praxis hinaus. Woher, wenn nicht aus tatsächlichen (und auch bisher durchaus nicht unvermuteten) Missständen, bezöge denn die Empirie ihre Aufsehen erregenden Resultate? Wie gut haben denn bisher die »klassischen« Bildungstheorien und sonstigen akademisch-pädagogischen Bemühungen in einer Zusammenarbeit mit den Bildungsorten landauf, landab interagiert, wenn den »neuen« Messmethoden die erwähnten Grundkompetenzen unerfüllt und überdies erfolgreiche Lernprozesse von sozialen Herkünften nachweisbar abhängig erscheinen können?

Vor dem Hintergrund solcher Feststellungen empfiehlt sich der Versuch, *sich mit dem Regelbaren zu beschäftigen – ohne jedoch nach dem bis hierhin Entwickelten der Illusion zu erliegen, das Operationalisierbare und Messbare sei das Ganze.* Der Eindruck, den man aus dem Durchgang unserer kleinen zurückliegenden Skizze gewinnen mag, ist damit ebenso einfach und formal wie letztlich wohl doch auch treffend: So sehr Bildungsreflexion und Bildungssysteminnovation auseinander fallen können, so vielversprechend vermögen auch die Perspektiven ihres Zusammenwirkens zu sein.

Dies zeigt sich *zunächst* in der Frage der *Bildungsorganisation.* Kulturell installierte Lernprozesse können ihren eigentlichen Begriff nur erhalten, wenn das Spektrum zwischen der Zielvorstellung individueller Selbstgestaltung (Bildung) einerseits und allgemeiner, institutionalisierter und methodisierter Unterrichts- und Lehrgestaltung andererseits nicht unterbrochen wird, wenn also sozusagen das Band nicht zerreißt, über das alle Menschen an einem zu unterstellenden humanen Projekt ihrer Kultur Anteil gewinnen können. Beide

Pole sind schwerlich gegeneinander auszuspielen. Wie denn, wenn nicht in professionell »ausbildungsähnlich« organisierten Strukturen in Schule und Universität wurzelnd, sollte jene Zielvorstellung sich entwickeln können?

Zweitens zeigt sich dies am *Personal*. Dem nämlich: hier den Empirikern ohne eigentliche Domäne, dort manchen unempirischen Bildungsphilosophen und Fachdidaktikern ohne Messinstrumentarien, entspricht die *Sachlage*, die diskutiert wird. Ein Messen um des Messens willen hieße, ein Mittel zum Selbstzweck zu erklären. Getreu jener Bemerkung, dass, wer nicht messe, »nur eine weitere Meinung« äußern könne, müsste dies einer Abwertung philosophischer Reflexion und Zielbestimmung per se Vorschub leisten.[55] Einem solchen Vorgehen fehlte der sinnhafte, reflexive Zugriff, ihm fehlte eigentlich überhaupt die begründete Frage. Eine *bloße* Reflexion freilich mag über kulturellen Verfall räsonnieren, ohne diese Kritik zu belegen, oder Konzepte einer Abhilfe entwerfen, ohne diese empirisch nachzuhalten. Man ist versucht, nicht ohne Anlehnung an *Kant* zu sagen, ersteres sei leer, letzteres vielleicht manchmal blind.

Eigentlich wichtig scheint mir jedoch noch ein *dritter, letzter Aspekt* zu sein. Ich meine damit die einer alltäglichen Bildungspraxis zu entnehmende Beobachtung, dass *beide* Konkurrenten – nicht nur das traditionsreiche philosophische Ideal der Bildung in seiner (womöglich gar nicht so selten:) schul- und alltagsweltfernen Traktierungsweise in universitären Soziotopen, sondern auch manche Formen der gegenwärtig so innovationsbeflügelten Evaluation, die sich als Expedition in das Forschungsobjekt »Schule« geben, – der täglichen pädagogischen Praxis im Alltag, wie sie an so vielen Fronten steht, *gleich fremd zu sein vermögen*, statt dass sie sie wirklich unterstützen könnten.

---

55 Ich übergehe einen naheliegenden Aspekt, den nämlich, dass die Philosophie in ihrer akademischen Form des Bedenkens durchaus zu gegenwartskulturellen Schlüsselthemen mit diskutiert, vor allem zu ethischen Fragen im Zeitalter neuer technischer Möglichkeiten (»Ethik als Preis der Moderne«). In diesem Zusammenhang sind Einschätzungsfragen hinsichtlich der Ergebnisse der Neurowissenschaften (»Determination und Willensfreiheit«, »Geist und Gehirn«) gerade auch in aktuellen philosophischen Debatten präsent.

Ich nehme in diesem Zusammenhang *Henrichs* Begriff auf, um diesen vielleicht nicht ganz irrelevanten Punkt zu bezeichnen: *Philosophie im Prozess der Kultur* kann, namentlich für die philosophische Bildung, dann heißen, dass eine bessere Verknüpfung *beider* Seiten mit einer angemessen theoriegeleiteten Praxis in konkreten Kontexten zu leisten wäre. Die Lehramtsausbildung etwa bedarf durchaus jener Theorie-Praxis-Verzahnung, die derzeit unter dem Schlagwort der »Professionalisierung« betrieben wird. Entsprechend muss kein Bildungsplädoyer implizieren, dass nicht Konzeptionen zu entwickeln wären, die anschlussfähig sind für empirische Forschung und deren Ergebnisse sich ein ganzes Stück weit empirisch ausweisen lassen können. Sie können helfen, nötige Rahmendaten in Bildungsprozesse einfließen zu lassen; hierzu müssen sie jedoch bestimmte Voraussetzungen erfüllen (sinnvolle Gestaltung, abnehmerorientierte Präsentation, Rückmeldung an die Lehrkräfte ohne Legitimations- und Vergleichsdruck usw.). Statt bloße Vorgaben von einer allzu leicht als »akademisch-abgehoben« oder »szientistisch« zu beargwöhnenden Metawarte aus zu machen, sollten *Bildungstheorie* wie *Empirie* deshalb weit mehr als bisher auf eine konstitutive Zusammenarbeit mit den Lehrkräften setzen, mit denen sie Sinn und Anwendung ihrer Zugriffe gemeinsam entwickeln müssen. Nur auf diesem Wege wird sich sicherstellen lassen, dass ihre Erkenntnisse den Bildungsprozessen, die sie befördern wollen, auch wirklich zugute kommen bzw. dass ihre Ergebnisse angesichts des, wie man gesagt hat, »Argwohns der Praktiker« auch sinnvoll und nachhaltig in die Bildungspraxis einfließen mögen.

Wer hat nicht Lehrerinnen und Lehrer schon die Nase rümpfen sehen über jenes angebliche oder tatsächliche Wissen aus zweiter Hand, mit dem manche Universitätspädagogik ihre mangelnde schulische Eigenerfahrung durch eine allfällige Berufung auf »Studien« kompensieren will. Theorie wie Empirie müssen, so will es scheinen, eine wirkliche Zusammenarbeit »vor Ort« suchen; sie brauchen, wollen sie in Bildungsprozessen positiv wirksam werden, einen »pädagogisch interaktiv fruchtbaren« Boden. Festzuhalten wäre: *Referenzpunkte für eine Beförderung von Bildungsprozessen müssen ernsthafter als bisher Kooperationsmodi in gemeinsamer Augenhöhe mit den Lehrerinnen und Lehrern selbst sein.*

Wirkliche Bildung erstrebt ein Ziel, das – glücklicherweise – auch vom größten technischen Apparat nicht auszurechnen sein wird. Sie muss immer noch von den Fachleuten vor Ort geleistet werden. Ihr werden empirische Tests Aufschlüsse nur dann verschaffen können, wenn sie im Bildungssystem Hilfsmittel, nicht Fetisch sein werden. Nur hierin liegt der Schlüssel, eine bisher schwerlich etablierte wirkliche Kultur gemeinsamen Nachdenkens und Gestaltens in die Debatte einzuführen.

6. … als Aufgabe der Philosophiedidaktik

Abschließend ist dies auf die Philosophiedidaktik zu beziehen. Dabei gilt grundsätzlich: Vom Bildungsbegriff her ergeben sich fast zwangsläufig Rückfragen an die Philosophie, zielt doch gerade sie auf eine Vernunftkultur, zu der wir uns als denkende Wesen disponiert und zugleich als ein Ergebnis der Geistesgeschichte von der Antike zur Moderne auch aufgefordert sehen.

(a) Im Rahmen menschlicher Interaktionen dürften Beschäftigungen des Broterwerbs, des Engagements in den verschiedensten Bereichen, für die wir uns interessieren, des Wirtschaftens, der Inanspruchnahme durch Schlaf, Krankheit oder Leid, des Kinderbetreuens, des Müßiggangs, der Unterhaltung und des Konsums im Popzeitalter bei weitem überwiegen. Nicht wenige Lebens- und Kulturvollzüge jedoch sind sicherlich auch Situationen gewidmet, die sich als Bemühungen der Orientierung und des Nachdenkens im Sinne einer »kulturellen Bildung« ansprechen lassen. Ein vergleichsweise hoher Teil hiervon wird im Rahmen religiöser Horizonte erfolgen, weitere Anteile in Kulturfeldern wie denen von Literatur und Kunst oder in der Form verschiedenster einschlägiger Alltagsüberlegungen.

Schon ein ansatzweiser Versuch, sich eine Vorstellung davon zu machen, was Menschen in ihren jeweiligen Lebenszusammenhängen tun, gibt Anlass zu der Einschätzung, dass Intensität und Grad »präphilosophischer« (oder »potentiell philosophischer«, vielleicht auch »philosophisch anschlussfähiger«) Orientierung steigerungsfähig sind. Die eigentlichen Möglichkeiten der Philosophie, deren Vernunftbemühen gewiss nicht zu überschätzen ist, sind demnach vielleicht noch gar nicht realisiert. Als ein grundlegend sinnhervorbringendes und sinnvermittelndes Kulturphänomen kann gerade die Philosophie in einem besonderen Maße den Anspruch eines jeden Einzelnen vertreten, an den kulturellen Errungenschaften des Menschen zu partizipieren und sie mitzugestalten. Eine solche »Bewusstseinskultur« erscheint – angesichts vielzitierter Zeitgeisttendenzen von der Panökonomisierung und ihren sozialen Folgen bis zur allgegenwärtigen Popkultur – mit *Ekkehard Martens* ebenso wichtig wie die »Kulturtechniken« Lesen, Schreiben und Rechnen – und sei es, um zu zeigen, dass selbst in der Konsumgesellschaft der Kauf nicht der ultimative Akt der Selbstverwirklichung ist.

So sehr durch die Zivilisationsdynamik die Notwendigkeit reflexiver Orientierung und philosophischer Bildung Tag für Tag vor unseren Augen steigt, so ortlos bleiben für unsere Gesellschaft und Kultur die zumeist akademisch verwalteten Gehalte der Philosophie ohne ihre beständige Umsetzung und Vermittlung. Deswegen ist jene *Philosophische Bildung* nötig, um die wir uns bemühen, die die in unserer Gegenwart immer nötiger werdenden Übersetzungsleistungen zwischen dem kognitiven und reflexiven Potential der Philosophie und den Orientierungsbedürfnissen von Menschen, zwischen objektiven Kulturgehalten und subjektiver Lebensführung erbringt.[56]

Nach einem Vorwurf von *Richard Shusterman* führt der von manchen Berufsphilosophen erweckte Anschein ihrer lebenspraktischen Bedeutungslosigkeit zu einer gesellschaftlichen Marginalisierung der Philosophie, die dadurch »Millionen intelligenter Menschen« vorenthalten werde. Fast bereits in einer Parallele zum Rückzug der Bildungstheorie und Philosophie aus der Pädagogik verlernt es, so könnte man jedenfalls den Eindruck gewinnen, die Fachwissenschaft Philosophie immer mehr, sich als Teil jenes Bildungspro-

---

56 Hierfür habe ich im fünften Band der *Dresdner Jahrbücher* plädiert: »Kulturphilosophie – Philosophiekultur oder Wie populär soll, darf und kann Philosophische Bildung sein?«, in: Johannes Rohbeck (Hg.), *Ethisch-philosophische Basiskompetenz*, Dresden 2004, 11-39 (Jahrbuch für Didaktik der Philosophie und Ethik, 5).

jektes zu begreifen, als das sie nicht nur in der Gestalt des Sokrates, sondern durchaus auch bei Platon und bei Kant angetreten ist.[57]

Eine Notwendigkeit *philosophischer Bildung* für unsere Gesellschaft zu behaupten, mag ein hochgegriffener Anspruch sein. Dieser Anspruch lenkt aber den Blick zugleich ins Konkrete zurück, nämlich auf die Orte, an denen viele Lehrende und Lernende jede Woche neu dafür engagiert sind, die genannten Bildungsanliegen in die jeweils einzelne Arbeit in ihren Lerngruppen umzusetzen. Sie treten für philosophische Bildungsprozesse an, die das Sich-Orientieren und Denken methodisch klarer zu gestalten, ihm die Sinngehalte der Philosophie zu vermitteln und auf ein Sich-Interessieren, auf kritisches Prüfen und Weiterfragen hinzuwirken suchen. Philosophische Bildung will das vielfältige Alltags-Meinen, wie es nicht nur Jugendliche, sondern wir alle an die verschiedensten Bildungsorte mit- und heranbringen, ernst nehmen, es aufgreifen, zum Ausgangspunkt des Unterrichts sowie von Kursen und Seminaren machen, es aber zugleich auf nachhaltigere Reflexion hin mit den nötigen Kompetenzen wie dem nötigen Wissen befähigend ausrüsten.

Diese Leistungen lösen sich nur aufgrund gesellschaftlicher Vermittlung und vielfacher Anschlussfähigkeit in Bildungsprozessen »vor Ort« ein. Ihr Spektrum reicht vom Philosophieren mit Kindern und Jugendlichen im Fach »Praktische Philosophie« in Nordrhein-Westfalen[58] bis zum Berliner Arbeitskreis »MoMo«[59] und *Gerhard Alt*s »Cave Philo«, einem Diskussionszirkel der Erwachsenenbildung

---

57 Einst ihre Tochter, hat disziplingeschlichtlich die Pädagogik »sich eher im Stillen davongemacht, und die Vertreterinnen und Vertreter der Fachphilosophie haben dies nicht einmal wahrgenommen«. Vgl. Anton Hügli, *Philosophie und Pädagogik*, Darmstadt 1999, 2 (die disziplinären Hauptakteure des von Hügli zitierten Satzes: »Die Pädagogik wird philosophisch sein oder überhaupt nicht sein« ließen sich übrigens auch vertauschen).

58 Vgl. meine Bemerkungen hierzu: »Aristoteles schließt keine Tore« – Gegenwartskulturelle Möglichkeiten philosophischer Bildung am Beispiel des Schulfaches »Praktische Philosophie« (NRW), in: Holger Burckhart u. Jürgen Sikora (Hg.), *Praktische Philosophie – Philosophische Praxis*, Darmstadt 2005, 117-131.

59 Vgl. http://www.momo-berlin.de.

im Saarland,[60] von dem durch *Johannes Rohbeck*s Initiative entstandenen Dresdner »Forum für Didaktik der Philosophie und Ethik«[61] bis zur neuen Lehrerausbildung an der Ruhr-Universität Bochum.[62]

Konsequenzen aus der Forderung nach einer besseren gesellschaftlichen und kulturellen Vermittlung der Philosophie ergeben sich für das Philosophiestudium insgesamt wie auch für die lehrerbildenden Studiengänge. Vor allem müssen sich in der Fachdidaktik fachliche und pädagogisch-didaktische Aspekte möglichst sinnvoll miteinander verknüpfen. Zwar ist auch gegenwärtig, wo vorhanden, die Lehrerbildung signifikant in die Universität verwoben: nicht geringe Prozentzahlen aller Lehrleistungen beziehen sich schließlich auf Lehramtsstudiengänge. Aber aus einer noch so hohen fachlichen Qualifikation (für die in der Lehramtsausbildung keinerlei Abstriche wünschenswert sind) erwächst noch keine *Lehramts*qualifikation. In der fachdidaktisch zu konkretisierenden Tätigkeit sind die Studierenden später nicht Historiker oder Hegeleditoren, sondern *Lehrerinnen und Lehrer*. Guten Deutschunterricht zu geben, so ist mit einigem Recht bemerkt worden, ist kein ausschließlich germanistisches Problem, guten Philosophieunterricht, kein fachphilosophisches (oder, blickt man auf manche Praktiken der akademischen Philosophie, gar fachphilologisches). Hier liegt die Aufgabe der Philosophiedidaktik.

(b) Die Philosophiedidaktik wird in Verfolgung ihrer Aufgaben nach dem bis hierhin Entwickelten auch um angemessene Formen einer *Überprüfung* philosophischer Bildungsprozesse nicht herumkommen. Gegenüber den massendiagnostisch aufgewerteten Fächern

---

60 Gerhard Alt, »Philosophiedidaktik zwischen Philotainment und Autodidaktik«, in: *Zeitschrift für Didaktik der Philosophie und Ethik* 25 (2003), 363-368.

61 Vgl. www.urz.tu-dresden.de/forumfd oder »Forum für Didaktik der Philosophie« in eine Suchmaschine eingeben.

62 Vgl. hierzu Michael Flacke u. Volker Steenblock, »›Eule über'm Campus‹. Kontexte und Konzepte für ein neues *Philosophiestudium* / Lehramts-Studium *Philosophie/Praktische Philosophie* am Beispiel der Ruhr-Universität Bochum«, in: E. Martens, C. Gefert u. Volker Steenblock (Hg.), *Philosophie und Bildung. Beiträge zur Philosophiedidaktik*, a.a.O., 147-167 (ausgehend vom »Studieren in Bochum« erfolgen Hinweise zur neuen Bachelor-Master-Studienstruktur am Beispiel der Philosophie, zu einigen Aspekten der Reformdiskussion um die Lehrerbildung und zur Neustrukturierung des Lehramtsstudiums Philosophie/Praktische Philosophie an der Ruhr-Universität).

könnte es der philosophischen Schulbildung sonst drohen, marginalisiert zu werden. So wäre zum Beispiel für die Schule zu untersuchen, inwiefern denn die Bewusstseinsformen von Schülerinnen und Schülern durch Unterrichtsprozesse positiv beeinflusst werden können.

Zwar ist es in meinen Augen offensichtlich, dass Bildungsprozesse in den Kategorien einer sowohl traditionsreichen als auch aktuellen philosophisch-pädagogischen Theorie, nämlich der *Hermeneutik*, zu begreifen sind.[63] Doch erscheint ein solcher Ansatz für empirische Herangehensweisen durchaus anschlussfähig,[64] etwa in dem Sinne, dass in Lernvorgängen der Fächer Philosophie bzw. Ethik »weniger reflektierte« Gedankenmodelle und Vorstellungen durch »reflektiertere« ersetzt werden. Die dabei in Aussicht stehenden Ergebnisse könnten Definitionen sein, die sich als »Reflexionsniveaus« darlegen und in eine Progression bringen ließen.

Weil an den lebensweltlich orientierenden Reflexionsgehalten der Philosophiegeschichte eine nachwachsende Generation fast ausschließlich über *Leseprozesse* Anteil gewinnt, dürfte sich in diesem Zusammenhang eine (über »PISA« hinausweisende) Untersuchung zum Umgang mit *Texten* für die Philosophiedidaktik als besonders interessant herausstellen. Als Ziel philosophiedidaktisch begleiteter Bildungsprozesse lässt sich entsprechend formulieren, Schülerinnen und Schüler seien dazu zu befähigen, ihre lebensweltlich ursprünglichen Deutungen auf weiterreichende Reflexionsniveaus zu führen und zugleich eine Deutungskompetenz im Sinne eines größeren »Eigenstandes« zu gewinnen, die sie den auf sie zukommenden und ihr Denken und Fühlen tendenziell fremdbestimmenden Deutungsschablonen der Popkultur entgegensetzen können (»leben statt gelebt zu werden«). Entsprechende Ergebnisse könnten nicht nur Unterrichtsprozesse, sondern auch die bislang eher implizite Didaktik des Mediums Schulbuch positiv beeinflussen.

---

63 Vgl. Volker Steenblock, »»Hermes und die Eule der Minerva.‹ Zur Rolle der Hermeneutik in philosophischen Bildungsprozessen«, in: Johannes Rohbeck (Hg.), *Philosophische Denkrichtungen*, Dresden 2001, 81-115 (Jahrbuch für Didaktik der Philosophie und Ethik, 4).

64 Vgl. die Pilotstudie von Markus Tiedemann, *Ethische Orientierung für Jugendliche*, Münster 2004.

Mit all dem sucht die Philosophiedidaktik dazu beizutragen, dass die akademisch situierte, in vielfacher Weise professionell hochgerüstete und methodisch prozedierende Fachwissenschaft Philosophie lebensweltlich besser Fuß zu fassen vermag im Sinne einer Überprüfung, Erhellung und Erweiterung der aus den menschlichen Verhältnissen, d.i. aus den tagtäglich ablaufenden kulturellen Prozessen, aufsteigenden und an sie zurückzuspiegelnden Hinsichten. Sie tritt an, *die Philosophie in den Prozess einer demokratischen Kultur einzubringen.* Fragen philosophischer Bildung sind auch und gerade in den Zeiten von »PISA« *Grundbildungsfragen.* Sie sind von und mit den (gegenwärtig so gerne beschworenen) Eliten zu diskutieren – sie sind aber nicht an Experten zu delegieren, denn niemand kann andere für sich denken lassen oder stellvertretend für sich »Mensch« sein lassen.

Walter Schweidler

Bildung als Chance –
Motivation und Intentionalität

Bildung ist in der gegenwärtigen Diskussion wieder einmal besonders ausdrücklich zu dem geworden, was sie vielleicht etwas weniger öffentlich und etwas weniger ausdrücklich doch permanent ist: ein Politikum. Nicht zuletzt der Förderalismusstreit in der verfassungspolitischen Debatte zeigt, dass das Bekenntnis zu bildungspolitischer Verantwortung und zur Aufgabe des Staates, diese wahrzunehmen, wesentlich die spezifisch politische Rückseite des Anspruchs ist, sich ihrer zu bemächtigen. Und um diesen Anspruch tobt ein politischer Machtkampf. Anders ist es nie gewesen, spätestens seit der Staat im neunzehnten Jahrhundert die kulturelle Grundlage seiner Verfassung wesentlich dadurch gelegt hat, dass er den gesellschaftlichen, insbesondere kirchlichen Gewalten die Hoheit über das Bildungssystem abgesprochen und abgenommen hat. Nichts anderes ist ja die Legitimationsquelle der Entscheidung für das Berufsbeamtentum der Schul- und Hochschullehrer; diese drückt nicht irgendeine Art von staatlicher Privilegierung der für die Bildung verantwortlichen Berufe aus, sondern den Anspruch, diese und die mit ihnen verbundenen Verantwortungs- und Machverhältnisse in staatlicher Kontrolle und staatlicher Gestaltungshoheit zu halten.

Der gegenwärtige Rechtsstaat legitimiert sich auch und wesentlich aus dem Recht des Menschen auf Bildung, das, auch wenn es in einem komplizierten und komplexen Zusammenhang mit dem klassischen Erziehungsrecht der Eltern steht, doch nicht selbst ein klassisches Abwehrrecht, sondern, wie die Völkerrechtsentwicklung belegt, ein den Staat verpflichtender Teilhabe- und Mitwirkungsanspruch des Bürgers ist. Wenn der Staat die Inhaber der für die Bil-

dung verantwortlichen Berufe zu seinen Funktionären gemacht hat,
dann rechtfertigt sich dies allein aus dem Ziel, dieses so grundlegende Recht des Menschen nicht partikulären, heute also etwa ökonomischen oder ideologischen Gewalten zu überlassen. Es ist, wenn
auch kein Abwehr-, so doch eindeutig ein Schutzrecht für den Menschen, dem die staatlich legitimierten Amtsträger zu gehorchen haben, aus dem sie aber auch ihre eigene Legitimation beziehen.

1. Der Funktionär der Bildung und der gebildete Mensch

Und dennoch ist gerade die Frage dieser staatlichen Grundlegung
und Absicherung der für die Bildung entscheidenden Tätigkeiten
mehr als vieles andere in den heute wieder so virulent gewordenen
politischen Streit geraten. Das hat natürlich etwas mit dem Grund-
problem zu tun, das sich in Bezug auf jegliche staatliche Gestaltung
der bürgerlichen Rechtsräume stellt, dem Problem der Gewalten-
kontrolle und des möglichen Missbrauchs staatlicher Macht. Diese
Kontrolle kann ja im Bereich der Bildung, eben weil sie so sehr in
den staatlichen Gestaltungsbereich gehört, nicht allein auf der Basis
dessen vorgenommen werden, was im staatlichen Bildungssystem zu
lehren oder gar zu brauchen ist. Reflexion und Kontrolle des staatlichen Bildungsauftrags können daher in keinem Fall die primäre
Aufgabe des Bildungstheoretikers sein. Aber natürlich können sie
auch nicht die Aufgabe einer Instanz sein, die das Bildungssystem
von jenseits, also außerhalb seiner an irgendwelchen die Bildung
noch einmal legitimierenden oder gar definierenden Maßstäben zu
messen hätte. Wenn nicht der Bildungstheoretiker und nicht der Bil-
dungsnutzer zu diesem Korrektiv des staatlichen Bildungsauftrags
berufen sind, dann bleibt nur eine Instanz übrig, die auch und gerade
in der politischen Diskussion die Antwort auf die Frage zu geben
hat, was Bildung ist und wozu sie werden muss: der gebildete
Mensch.

Insbesondere ist von entscheidender Bedeutung derjenige Be-
zirk, in dem der staatlich berufene und abhängige Bildungsverant-
wortliche umfangmäßig mit dem freien und zur Kontrolle der staat-

lichen Gewalt berufenen gebildeten Bürger zusammenfällt, das heißt das Feld, auf dem wir, die staatlichen Funktionsträger des Bildungswesens, nicht als solche, sondern als gebildete Menschen zu sprechen berufen sind. Unsere Bildung ist die einzige Quelle freier Autorität, auf die wir uns bei der Wahrnehmung dieses Selbstkontrollauftrages, an dem die Legitimation eines nicht-partikulär aufgelösten staatlichen Bildungswesens hängt, berufen können. Wenn wir nicht als Gebildete sprechen wollen, müssen wir es als Funktionäre tun: *tertium non datur*.

Was wäre demnach die Antwort des gebildeten Menschen in uns auf die Frage, warum insbesondere in der gegenwärtigen Situation die Bildung zum Politikum geworden ist und worum es in der Gestaltung dieses Politikums nun zu gehen hat? Man wird an den Kern und die Pointe dieser Antwort nicht herankommen, wenn sich in ihr nicht ein hohes Maß an Selbstkritik, an scharfer Vernehmung manifestiert, welcher der Gebildete in uns den Funktionär in uns zu unterziehen hat. Bildung ist wesentlich deshalb zum heutigen Politikum geworden, weil der Funktionär in uns über lange Zeit die eminenteste Pflicht vernachlässigt hat, die aus der freien Autorität des gebildeten Menschen unbedingt erwächst, nämlich die Pflicht zur ungeteilten und gewissenhaften Weitergabe alles dessen, was zu seiner Bildung gehört. Mit Bildung erwirbt man die Pflicht, sie weiterzugeben, und zu ihr gehört niemals das Recht, sie für sich zu behalten.

Die Belege, die man für dieses Prinzip gerade in der klassischen Philosophie von Platon über Cicero, Fichte und Humboldt bis in die Gegenwart geben könnte, sind uferlos. Bildung ist das Urelement der menschlichen Lebenschancen, und wer sie so auffasst, dass sie zu seiner exklusiven und nicht zu der Chance dessen wird, demgegenüber er als Gebildeter sie weiterzugeben hat, der hat sie eben nicht als Bildung wahrgenommen und ist nicht gebildet. Nur von hier aus, also von der Einsicht her, dass Lehrer und Schüler gleichermaßen Gebildete sind, nur der eine im Zustand, in dem die Bildung erreicht ist und der andere im Zustand, in dem sie nicht erreicht und von dem her allein sie trotzdem gerade das ist, was sie ist, kann man einen Leitfaden für die gegenwärtige politische Bildungssituation und -debatte finden.

Die Kritik der Ökonomisierung und Utilitarisierung des Bildungswesen, die einen ebenso vielstimmigen wie hilflosen Chor der gegenwärtigen öffentlichen Diskussion vereint, diese Kritik als solche wird sicher keinen Ausweg weisen. Denn sie ist so alt wie die Idee der Bildung als der Erringung und Weitergabe des höchsten zweckfreien Daseins des Menschen selbst. Sokrates setzt sich mit ihr in Gestalt junger, zynischer Mitunterredner in vielen frühen platonischen Dialogen auseinander,[1] und wir finden sie noch in ganz gegenwartsaktueller Akzentuierung in Nietzsches schönem Lehrstück über die »Zukunft unserer Bildungsanstalten«.[2] Bildung, die ihren Begriff erfüllt, wird immer gegen den Versuch verteidigt werden müssen, sie gegen von außen an sie herangetragene Finalisierungsforderungen zu schützen.

Die Krise, durch welche die Bildung im Heute, in der heutigen Situation zum Politikum geworden ist, ist nicht eine solche, sondern es ist eine Krise des Bildungsbegriffs selbst. Die Frage ist nicht, was mit der Bildung anzufangen ist, sondern was Bildung ist. Die Antworten, die hierauf gegeben werden, prägen die Misere, die die gegenwärtigen politischen Kämpfe nötig macht, das heißt, diese Misere ist eine Misere des Begriffs und damit des Bewusstseins der gebildeten Menschen von sich selbst. Der Funktionär in uns droht den gebildeten Menschen nicht zu instrumentalisieren, sondern wir drohen uns in einem Bild zu verlieren, demgemäß wir uns selbst im Verhältnis zu uns als Funktionäre begreifen. Auf dieser Ebene muss die eigentliche Kritik und Revision dessen ansetzen, woraus die Bildung wieder einen sehr füllenden Begriff zu gewinnen vermag.

2. Bildung für das Leben

Wie also sieht der Begriff aus, den Bildung erfüllen muss, wie sie ein gebildeter Mensch begreift? Es ist, in eine für unseren Zusammenhang notgedrungen kurze These gefasst, der Begriff vom erfüll-

---

1   Vgl. nur: Platon, *Euthydemos*, in: ders., *Frühdialoge*, eingel. v. Olof Gigon, übertr. v. Rudolf Rufener, Zürich, Stuttgart 1960, 266-329 (271a-307a).

2   Friedrich Nietzsche, *Über die Zukunft unserer Bildungsanstalten*, besorgt u. eingel. v. Heinz Mühlmeyer, Heidelberg 1964.

ten, gelingenden menschlichen Leben. »Nicht für die Schule, für das Leben lernen wir«: die alte Devise, die jeder Willkür und Bodenlosigkeit in der Auswahl des Bildungsstoffs entgegensteht, bezieht sich eben auf einen solchen Begriff des menschlichen Lebens, das den eigentlichen Horizont sinnvollen Lernens konstituiert. Wer diese Devise zitiert oder nach ihr lebt oder nach ihr lehrt, ohne eine Antwort auf die Frage zu haben, was denn hier mit »Leben« gemeint ist, pervertiert sie zum ideologischen Instrument, denn dann ist das, wofür die Schule da ist, mit dem identisch, was der Schulmeister von ihr verlangt. Wer sie gebraucht und wer nach ihr lehrt, muss die Frage, was ein erfülltes, gelingendes Leben ist, nicht nur beantworten können, sondern sie sogar bewusst wecken und aufwerfen, um in ihrer Erörterung seinen Begriff von Bildung und damit sein Gebildetsein zu bewahrheiten.

Zum Begriff eines erfüllten Lebens gehören, um uns in unserem Kontext auf die wesentlichsten Eckpunkte zu beschränken, mindestens drei Elemente: die Natur dessen, der es lebt, die Nähe zu den Menschen, mit denen er es lebt und die Grenze, die das Leben zu dem macht, das es ist, das heißt, der Tod. Bildung ist der Inbegriff des Wissens, das die Bedeutung, die wenigstens diese drei Elemente für ein erfülltes Leben haben, zu erschließen vermag. »Natur« ist in diesem Zusammenhang also selbstverständlich nicht auf eine biologistische, sondern auf eine biografische, narrative Sicht vom menschlichen Leben zu beziehen.

Das Leben, das eine Natur hat, ist nicht das eines genetisch definierten Exemplars der Art Homo sapiens, sondern der Bios, die Geschichte eines sich zu sich verhaltenden und zu sich gestaltenden Individuums, das um sein Ende und damit um die Kostbarkeit seiner Zeit und den Wahlcharakter des Lebens weiß. »Natur« in diesem Sinne ist nicht durch das konstituiert, worauf sich der ursprüngliche, alte aristotelische Naturbegriff bezieht, also die Artbestimmtheit des Individuums, sondern sie ist im Sinne der Dimension, die Cicero neu und revolutionär dem Begriff hinzugefügt hat, die Natur dieses Individuums selbst, wie sie sich aus seinen es von allen anderen Individuen unterscheidenden Talenten und deren Entfaltungsmöglichkei-

ten ergibt, also jene Natur, von der Cicero sagt, dass man sie verfehlt, wenn man der Natur anderer als der eigenen folgt.[3]

Das Wesen der Bildung und das Prinzip der Auswahl des Stoffs,
der zu ihr gehört, besteht entscheidend in dem Aufschluss, dem sie
einem jeden Gebildeten über diese Natur seiner eigenen Persönlichkeit gibt. Solchen Aufschluss zu verlangen, ist das grundlegende
Recht des zu bildenden Menschen im Prozess einer Bildung. Es gibt
aber keine elementarere Grenze, von der her man Aufschluss über
die eigene Persönlichkeit erhält, als die Grenze zwischen dem, was
man kann und was man nicht kann, wofür man geschaffen ist und
wofür andere besser geeignet sind. Wer durch die ihn bildenden
Menschen nicht darüber belehrt wird, wofür er geeignet und damit
auch wofür er nicht geeignet ist, wem nicht klar und deutlich gesagt
wird, dass er etwas schlecht und schlechter als andere und vielleicht
niemals kann, der wird um den Kern seiner Bildung betrogen, egal
wie viele Imitationshülsen man ihm formal oder verbal hinwirft.
Darum ist die Note der Inbegriff zur Bildung gehörender Erkenntnis,
der Erkenntnis des zu Bildenden durch den Gebildeten, und wer sich
zur Note nicht bekennt, betrügt den anderen und sich selbst um diese
Erkenntnis.

3. Person und Lebenszeit

Mit »Nähe« ist nicht primär eine emotionale Qualität gemeint, sondern die elementare kulturelle Staffelung, in die man heute nicht anders als seit den Anfängen der durch Bildung formierten Gesellschaft durch sie zu seinen Mitmenschen tritt. Bildung entscheidet
immer noch wesentlich darüber, wer zu wem gehört, für wessen
Nähe man sich entschieden hat. Man wird und ist ja wesentlich der,
der man ist, durch diejenigen, in deren Nähe man sich begibt, und
der Code, mit dem allein man diesen Prozess der Annäherung und
Entfernung zu steuern vermag, ist die Bildung.

---

3 Vgl. Cicero, *De finibus bonorum et malorum / Über das höchste Gut und das
   größte Übel*, lat.-dt., übers. u. hg. v. Harald Merklin, Stuttgart 1989, 273; III
   (31).

Hinter dem Stoff, zu dem sie im Prozess des Bildens geformt wird, muss daher die Person und die Persönlichkeit erscheinen, der der Bildende ihn verdankt, das heißt: es muss auch die Nähe selbst weitergegeben werden, in die der Bildende durch seine Bildung zu denen gelangt ist, die ihn gebildet haben, und diese Nähe muss in der Annäherung des nun neu zu Bildenden an den vor ihm gebildeten und ihn bildenden Menschen exemplarisch sichtbar werden.

Schon darum ist Bildung etwas prinzipiell anderes als Information, und wenn man sie mit Information verwechselt, pervertiert man sie. Person und Persönlichkeit sind genau das, was aus der Botschaft eines gebildeten Menschen verschwinden muss, damit diese in homogenen »Bytes« äquidistant für jeden abrufbar gemacht werden kann. Wenn der Bildende aber das versucht, also die Eigenart seiner Persönlichkeit weg- und durchstreicht, dann schafft er eben die Voraussetzungen für jenen Betrug an der Persönlichkeit, in der das, was wir die »Erfüllung« eines Lebens nennen können, essenziell besteht. Erfüllen, sich erfüllen, mit sich zur Deckung kommen, kann nur ein Leben, das nicht zur Verwechselbarkeit mit jedem anderen gebildet wird. Die entpersönlichte Person geht eben des Bewusstseins ihrer Natur verlustig, über die sie allein durch die Staffelung der Nähe und Ferne zu ihren Mitmenschen etwas zu erfahren vermag.

Die soziokulturelle Konsequenz besteht in dem, was ich »Optionalismus« nennen möchte:[4] der Haltung, in der Menschen den Sinn ihres Daseins nicht zur Deckung bekommen mit ihren eigensten, sondern in der möglichst abstrakten, homogenen Verfügbarkeit der Möglichkeiten aller anderen suchen. Das Verständnis der Bildung als Chance hat zu seinem Gegenstück ihr Missverständnis als Option: man betrügt sich um die eigenen Talente, indem man zu dem gebildet zu werden verlangt und erwartet, dass ihm die Talente der anderen, wenn er es nur will, offen stehen.

Die wichtigste Gefahr und verhängnisvollste Konsequenz des Optionalismus besteht in der Heranbildung der optionalistischen Persönlichkeit, die in der Identifikation mit der Verfügung über die Optionen aller anderen sich um die Chance bringt, die durch die dem

---

4 Dazu Walter Schweidler, »Die Menschenrechte als metaphysischer Verzicht«, in: ders. (Hg.), *Das Unantastbare. Beiträge zur Philosophie der Menschenrechte*, Münster, Hamburg, Berlin, London 2001, 73-100; bes. 93-95.

menschlichen Leben natürlich innewohnende Gliederung vorgegeben ist, die Gliederung der Berufe und Interessen, der Rollen und Charaktere, der Herkunftsorte und der Jahreszeiten.

Die für die Möglichkeit des Gelingens und den Begriff der Erfüllung eines Lebens fundamentalste Gliederung ist aber wohl die der Lebenszeit. Bildung ist der Inbegriff des richtigen Verhaltens des Menschen zu seinen Lebensaltern. Was es wert ist, gelernt zu werden, das ruft unser Alter unserer Jugend zu.

Der systematische Betrug, den die heutige Gesellschaft dem Menschen hinsichtlich der für den Sinn seines Lebens konstitutiven Grenze, der Grenze des Todes beibringt, indem sie ihm das Verhalten zum Tod größtmöglich erschwert, die Sterbenden seinem Blick entzieht und die Leichen im Krankenhaus und möglichst noch im Krematorium entsorgt, wohnt genauso der Vergleichgültigung der Bildungsinhalte inne, deren inneres Band doch nur die Bedeutung sein kann, mit der sie es dem gebildeten Menschen erlauben, der immer knapper werdenden Zeit das immer Wesentlichere abzuringen, aus dem er zu erfahren vermag, wofür sein Leben gelebt wird.

Natürlich kann faktisch einmal ein Jüngerer einen Älteren belehren, aber die Erfahrung, an der sich Inhalte gelingender Bildung auszuweisen haben, ist die eines sich zu sich schließenden, sich erfüllenden Lebens, das nicht einen Vorrat homogener Zeit seiner Jugend nachtrauernd verliert, sondern dem jeder Tag etwas an Ergänzung seiner Geschichte hinzuerzählt. Es ist die Erfahrung, dass die Zeit für die Werke, die die Persönlichkeit des Menschen bilden, sich selbst durch sein Leben hindurch bildet und dass sie gekommen sein muss, wenn ein Werk ihm etwas zu sagen haben soll. Der Schatz, den die Bildung darstellt, hat seinen Wert in letzter Linie durch die Chance, die nur der Weg eines Lebens zu seinem Ende als die Chance seiner Erfüllung mit den Inhalten bildet, die sich ihm erst auf diesem Weg und damit auf Grund des Geschenks, das dessen Ende bildet, ergeben.

Bildung in ihrem eigentlichen Sinn hat keine Chance, wo dem Menschen und insbesondere dem Gebildeten, der so anhand von Natur, Nähe und Tod kurz skizzierte Begriff von einem sich als die Chance seiner Erfüllung bildenden unverwechselbaren Leben verloren gegangen oder er um diesen betrogen worden ist. Bilden und für Bildung verantwortlich sein kann nur ein Leben, das sich nicht aus der Zweiheit von Arbeit und Freizeit definiert, sondern für das die eigentlich wichtige Aufgabe in jenem Dritten besteht, für das man sich anstrengt, ohne dass es überlebensnotwendig ist oder »etwas bringt«. Dass es dieses Dritte gibt, kann man nicht durch Theorien beweisen, sondern der gebildete Mensch muss es mit seinem Leben verkörpern. Er und überhaupt die Gemeinschaft der Gebildeten steht exemplarisch für das ein, woran Menschen sich bilden können.

Hier liegt eine der ganz wesentlichen Aufgaben des gebildeten Menschen, deren Vernachlässigung einer der Hauptfaktoren für die geistige Verunsicherung ist, aus der die Krise unseres Bildungsbegriffs erwächst. Der gebildete Mensch mit seinem durch seine Bildung erlangten Überzeugungen ist der letzte Horizont der Bewährung und Begründung von Bildung. Damit begrenzt er auch jeglichen Anspruch von Theorien und damit dessen, was wir heute Wissenschaft nennen, in Bezug auf gelingendes und sich erfüllendes Leben.

Es gibt niemanden, der einen gebildeten Menschen über die Gründe und Kriterien möglicher Lebenserfüllung belehren könnte außer einem anderen gebildeten Menschen. Insbesondere kann keinerlei Fortschritt der Wissenschaft oder sonst eines Agenten der angeblich im Kollektiv zu ihrer Zukunft unterwegs befindlichen »Menschheit« den Wahrheitsanspruch relativieren, den Bildung erhebt.

Genau diese Relativierung aber steckt hinter dem Klima im Verhältnis zu uns selbst, das Robert Spaemann einmal als die »Selbsthypothetisierung« unserer Überzeugungen bezeichnet hat.[5] Der Mensch, der sagt, wovon er überzeugt ist und dann seine Aufgeklärtheit dadurch unter Beweis stellen zu müssen meint, dass er sich zur Unwissenheit darüber bekennt, warum er eigentlich so denkt wie er denkt und warum er von etwas überzeugt sei, dementiert das an ihm selbst, was allein ihm das Recht gibt, Überzeugungen zu äußern: seine Persönlichkeit. Bildung begrenzt jeden Anspruch externer, insbesondere theoretischer Aufklärung des Gebildeten über seine Überzeugungen. Im Rückgang auf diese Überzeugungen und in der Kunst, sie zu formulieren und weiterzugeben, hat die Gemeinschaft

---

5   Vgl. Robert Spaemann, »Ende der Modernität?« (1986), in: ders., *Philosophische Essays*, erw. Ausg., Stuttgart 1994, 232-260; 242 ff.

der gebildeten Menschen einen für die gesamte Gesellschaft exemplarischen Anspruch, dem sie sich nicht entziehen kann, ohne deren Grundlagen zu unterminieren.

4. Bildung als praktischer Prozess

Bildung ist, in aristotelischen Kategorien gesprochen, ein praktischer, nicht ein poietischer Prozess. Das heißt, sie ist nicht durch das Produkt, das aus ihr hervorgeht, in ihrem Wert definiert, sondern sie ist ein Verhältnis, das zwischen Menschen auf Grund des ihre Beziehungen natürlich prägenden Vorsprungs sich einstellt, den ein Gebildeter vor dem noch nicht Gebildeten hat und den ihn einholen zu lassen er verpflichtet ist. Bildung ist die Lösung, die der menschliche Geist für das Paradoxon gefunden hat, das am Grunde jeder Persönlichkeit liegt, nämlich dass man zu einer solchen nicht werden kann, indem man es sich vornimmt.

Persönlichkeit ist wesentlich nicht-intentional konstituiert, man wird zu ihr durch das, worin man sich zu verlieren bereit und fähig ist, weil es einem wichtiger ist als man selbst. Darum verfehlt man den Zugang zur Bildung elementar, wenn man ihn primär und direkt als ein Motivationsproblem auffasst. Man kann weder sich selbst noch andere für die Anstrengung der Bildung motivieren, indem man nach den Zwecken sucht, zu denen sie ein Mittel sein soll. Denn sie verwaltet jenen Zweck, in Bezug auf den alles andere Mittel ist, den Menschen in seiner persönlichen Einmaligkeit, die sich einstellt durch das, woran er sich hinzugeben und letztlich aufzugeben fähig ist.

Darin, dass diese Einsicht über die wesentlich nicht-intentionale Struktur der Bildung wie der menschlichen Persönlichkeit verloren gegangen ist, liegt der eigentliche Grund für die Wehrlosigkeit, welche die gebildeten Menschen heute gegenüber der Zumutung ihrer Instrumentalisierung für die Lebensmittel statt deren Indienstnahme für die Lebenszwecke erfasst hat. Bildung soll zum Schlüssel jener gesellschaftlichen Mechanismen umfunktioniert werden, mit denen das Leben den Mitteln seiner Erhaltung geopfert werden soll. Gegen diese Zumutung hilft nicht die Reflexion darauf, wie man die Zwecke des Lebens taktisch doch in den Kontext seiner Mittel integrieren könnte. Dem kann vielmehr nur die Anstrengung des Anspruchs wehren, mit dem die gebildeten Menschen die Zwecke verwalten, die den Mitteln des Lebens ihren Sinn geben. Diese Zwecke sind so vielfältig und zugleich so exemplarisch füreinander wie die Seelen der zu Bildenden, die den Gebildeten anvertraut sind.

Urs Thurnherr

Pluralismustauglichkeit und Bildung. Über die Kunst, Pluralität auszuhalten und zu leben

Auch wenn wir gelegentlich einen anderen Menschen mit seinen Ansichten und Anschauungen auf den Mond wünschen, kommen wir nicht umhin, dabei zur Kenntnis zu nehmen, dass wir gewisse lebensweltliche Bereiche mit anderen Menschen teilen *müssen*. Ferner können uns etwa die gegenwärtig sich ankündigenden Veränderungen des Klimas vor Augen führen, dass die Menschen insgesamt dazu verurteilt sind, den Ort dieses unseres einzig verfügbaren Planeten gemeinsam zu verwalten. In einer solchen Zwangslage verfügen wir grundsätzlich über zwei Möglichkeiten:[1] Wir können andere Lebensanschauungen und Lebensformen bekämpfen, ihre vermeintlichen oder sichtbaren Defizite und Fehler aufzuzeigen und sie mit Kampfparolen wie »Schluss mit lustig!« von unserem Einflussbereich fernzuhalten versuchen. Oder wir mögen der Ansicht sein, dass sich die unterschiedlichen Anschauungen nicht gegeneinander ausspielen lassen, und anerkennen eine gewisse Pluralität von Weltanschauungen und Lebensformen. Diese zweite Sichtweise kann man als eine Position des Pluralismus bezeichnen. Für den Pluralisten ist Pluralität nicht einfach bloß gegeben, sondern in spezifischer Weise aufgegeben. Gemäß dieser zweiten, pluralistischen Möglichkeit geht es mir bei meinen folgenden Ausführungen darum, über die Kunst nachzudenken, Pluralität auszuhalten und zu leben. Schließlich ist es

---

1 Vgl. Zygmunt Bauman, *Postmoderne Ethik*, übers. v. Ulrich Bielefeld u. Edith Boxberger, Hamburg 1995, 237.

nicht leicht, als Pluralist in dieser Welt gegenüber den eigenen Ansprüchen zu bestehen.

Lebensanschauungen, Lebensformen und Lebensstile betreffen nicht bloß einzelne Menschen, sie werden in aller Regel von Menschen geteilt, verbinden diese miteinander und stiften dabei Gemeinschaften. Die modernen Industriegesellschaften sind im Weiteren dadurch geprägt, dass sie disparate Gemeinschaften in sich schließen, die mit ihren Lebensformen, Überzeugungen und »Wahrheiten« konkurrieren. Pluralität zu leben heißt sodann im angesprochenen Kontext, eine Art von »Gemeinschaft der Gemeinschaften« herzustellen. Eine solche Gemeinschaft könnte man in Fortsetzung einiger Gedanken von Jacques Derrida auch als eine Babylonische Gemeinschaft[2] oder in Anlehnung an Gilles Deleuze und Félix Guattari als ein moralisches Rhizom beschreiben.

Für Gilles Deleuze und Félix Guattari ist mit dem Bild des Rhizoms, wie die beiden Denker es in der Einleitung zum zweiten Band ihres Werkes *Kapitalismus und Schizophrenie* darstellen, eine neue Art des Denkens verknüpft.[3] »Rhizom« ist ein Begriff aus der Botanik und bezeichnet einen Wurzelstock. Das Modell des Rhizoms soll nach Deleuze und Guattari das Modell des Baumes ablösen, wie es etwa bei Descartes den Zusammenhang der Wissenschaften wiedergibt. Der Baum steht bei Deleuze und Guattari gemäß der philosophischen Tradition dieser Metapher – wenn auch aus heutiger botanischer Sicht in gewisser Weise zu Unrecht – für ein System, das über ein Zentrum verfügt und dessen Teile hierarchisch geordnet sind. »Diesen zentrierten Systemen setzen [...] [Deleuze und Guattari] Systeme ohne Zentrum entgegen [...], in denen die Kommuni-

---

2 Vgl. Jacques. Derrida, »Babylonische Türme. Wege, Umwege, Abwege«, in: Alfred Hirsch (Hg.), *Übersetzung und Dekonstruktion*, Frankfurt/M. 1997, 119 f.

3 Vgl. Gilles Deleuze u. Félix Guattari, *Capitalisme et schizophrénie 2. Mille plateaux*, Paris 1980; dt.: *Kapitalismus und Schizophrenie 2. Tausend Plateaus*, hg. v. Günther Rösch u. übers. v. Gabriele Ricke u. Ronald Vouillé, Berlin 1992, 12-42. – Vgl. dazu etwa Wolfgang Welsch, *Vernunft. Die zeitgenössische Kritik und das Konzept der transversalen Vernunft*, Frankfurt/M. 1995, 355-371.

kation von einem Nachbarn zum anderen hergestellt wird [...].«[4]
Das horizontal organisierte Rhizom umfasst zunächst einen Wurzel-
knollen, der sich über Wurzelschösslinge in alle Richtungen auszu-
breiten vermag, als würde man ein der Möglichkeit nach unendliches
Netz auswerfen.

Im Bild des Rhizoms stehen die Knollen und Schösslinge für
eine Vielzahl von Plateaus. Der Begriff des Plateaus stammt ursprünglich von Gregory Bateson und meint »eine zusammenhängen-
de, in sich selbst vibrierende Intensitätszone«.[5] Plateaus können der
Übersetzung aus dem Französischen entsprechend zuvorderst als
Ebenen verstanden werden, die ihrerseits Mannigfaltigkeiten repräsentieren und miteinander verbunden das Rhizom ausmachen.[6] »Ein
Rhizom hat weder Anfang noch Ende, es ist immer in der Mitte,
zwischen den Dingen, ein Zwischenstück, Intermezzo.«[7]

Im Vordergrund steht für Deleuze und Guattari insgesamt mit
dem Rhizombild die Leistung des Verbindens von Vielfältigem und
Disparatem. »[...] das Rhizom findet seinen Zusammenhalt in der
Konjunktion ›und ... und ... und...‹.«[8] Diese Leistung des Verbindens bildet auch die Hauptaufgabe bei dem beabsichtigten Vorhaben
einer »Gemeinschaft der Gemeinschaften«. »[...] das Rhizom ist
Allianz, einzig und allein Allianz«.[9] Das Rhizom beschreibt dabei in
erster Linie ein Modell der Kommunikation, wie sie zwischen disparaten Mannigfaltigkeiten überhaupt vorstellbar ist. »*Zwischen* den
Dingen bezeichnet keine lokalisierbare Beziehung, die vom einen
zum anderen geht und umgekehrt, sondern eine Pendelbewegung,
eine transversale Bewegung [...].«[10]

---

4 G. Deleuze u. F. Guattari, *Kapitalismus und Schizophrenie 2. Tausend Plateaus*, 30.
5 Ebd., 37.
6 Vgl. ebd. – Vgl. auch Arnaud Villani, »Physische Geographie der Tausend Plateaus«, in: Clemens-Carl Härle (Hg.), *Karten zu »Tausend Plateaus«*, Berlin
   1993, 17 f.
7 G. Deleuze u. F. Guattari, *Kapitalismus und Schizophrenie 2. Tausend Plateaus*, 41.
8 Ebd.
9 Ebd.
10 Ebd., 42.

Wenn wir über moralische Probleme sprechen, denken wir oft
zuerst an das Problem, wie man die vermeintlichen Scharen der Mo-
ralabstinenten und Moralverweigerer zur Moral hinführen könnte.
Dieses Problem lässt sich in gewisser Weise mit der Suche nach dem
Stein der Weisen vergleichen. Der Stein der Weisen wäre in unserem Fall dasjenige Argument, das einen egoistischen Menschen
zwingen würde, moralisch zu werden. In Übereinstimmung beispielsweise mit Ernst Tugendhat scheint mir dagegen gegenwärtig
das Hauptproblem eher darin zu liegen, dass die unterschiedlichen
Moralvorstellungen und die zahlreichen ethischen Entwürfe miteinander konfligieren, dass wir uns mithin weniger über das Vorhandensein moralischer Forderungen und mehr über den Inhalt dieser
Forderungen streiten.[11] Vielleicht wären wir gut beraten, unsere Suche nach dem Stein der Weisen abzubrechen und damit zu beginnen,
die Steinchen der Willigen zu sammeln, zu sortieren und zu einem
moralischen Mosaik zu gestalten.

Einen solchen Versuch, die disparaten moralischen Anstrengun-
gen miteinander zu verknüpfen und zu koordinieren, meine ich
schließlich mit dem Unternehmen eines moralischen Rhizoms. Dabei wird die Lösung im Sinne des Pluralismus nicht die sein können,
dass wir eine Moralanschauung als vernünftiges Superkonzept[12]
auszeichnen und die Abweichungen der anderen kritisch zu messen
beginnen. Vielmehr müssen wir die Disparatheit, wie sie Alasdair
MacIntyre an einer Stelle bildhaft beschreibt, als Ausgangspunkt anerkennen. »Es wird nicht ein Spiel gespielt, sondern mehrere, und,
um die Spielmetapher noch weiter auszudehnen, das Problem im
wirklichen Leben ist, daß ein Zug des Springers nach B 3 immer mit
einem Lob über das Netz beantwortet werden kann.«[13] Was im Kontext dieses nicht-olympischen Moralspieles erforderlich ist, ist nichts
weniger als eine neue Form von Ethik, die ich als Theorie der Herstellung eines moralischen Rhizoms thematisieren möchte. Dabei
gehe ich ferner der Frage nach, welche Eigenschaften und Fähigkeiten gefördert und gebildet werden müssen, um pluralitätstauglich zu

---

11 Vgl. Ernst Tugendhat, *Vorlesungen über Ethik*, Frankfurt/M. [2]1994, 26.
12 Vgl. Alasdair MacIntyre, *Der Verlust der Tugend. Zur moralischen Krise der
    Gegenwart*, übers. v. Wolfgang Rhiel, Frankfurt/M., New York 1987, 19.
13 Ebd., 136.

werden. Es ist dies für mich mit die Frage nach der Bildung zur Menschlichkeit.

Der Bildungsbegriff, wie ich ihn hier verwenden möchte, ist von Manfred Fuhrmann geprägt worden und lehnt sich an den Begriff der Kultur an. Fuhrmann fasst unter »Kultur« alle menschlichen Werke und Leistungen zusammen, die uns tradiert sind und die »in Bibliotheken, Archiven, Magazinen und sonstigen Speichern bewahrt [...] [werden], unabhängig davon, ob die jeweils Lebenden noch etwas damit anzufangen wissen oder nicht«.[14]

Das Verhältnis zwischen Kultur und Bildung lässt sich nach Fuhrmann sodann als ein Verhältnis zwischen Potenzialität und Aktualität beschreiben. Unter Hinweis auf Platons Begriff der »Methexis«[15] bestimmt Fuhrmann die Bildung als die aktualisierende Teilhabe an den Möglichkeiten der Kultur, wobei sich diese Teilhabe angesichts des schier unendlich scheinenden kulturellen Horizontes jeweils lediglich auf einen sehr beschränkten Bereich beziehen kann. »Der um Bildung sich Bemühende befindet sich der Kultur gegenüber im Nachteil: Er hat, so sehr er sich anstrengt, stets nur auf unvollkommene Weise Anteil an der Kultur. Andererseits spiegelt Bildung ein Stück Kultur und weist so über sich hinaus auf den Quellgrund, der sie ermöglicht.«[16] Das Teilhabeverhältnis des Gebildeten zur Kultur ist als ein dynamisches vorzustellen; es erschöpft sich nicht nur in der Aneignung, Wiedergabe und Verbreitung von Kultur, sondern beinhaltet auch die Möglichkeit, Aufgenommenes zu verändern und weiterzuentwickeln.[17]

Was nun aus dem Insgesamt des Kulturellen unabdingbar angeeignet werden muss, ist die Frage einer Art kanonischer Festlegung und kann nicht unabhängig davon bestimmt werden, was das jeweilige Ziel der Bildung ausmacht. »Der »Kanon« sucht zwischen der unüberschaubaren Vielfalt der Kultur und den einzelnen, die an ihr teilhaben zu vermitteln: Er reduziert die Potenzialität auf Aktualität,

---

14 Manfred Fuhrmann, *Bildung. Europas kulturelle Identität*, Stuttgart 2002, 40 f.
15 Vgl. ebd., 38 f.
16 Ebd., 39.
17 Vgl. Manfred Fuhrmann, *Der europäische Bildungskanon des bürgerlichen Zeitalters*, Frankfurt/M., Leipzig 1999, 28.

auf eine für das einzelne Subjekt überschaubare Auswahl.«[18] Im vorliegenden Kontext interessiert nun nicht so sehr eine betreffende Klärung des Fächer- und Kompetenzenkanons im Spannungsfeld aktueller Diskussionen um das Gewicht von Ausbildung und Allgemeinbildung. Vielmehr möchte ich einige Orientierungspunkte ermitteln, die im Rahmen einer Bildung zur Pluralismustauglichkeit und damit zur Menschlichkeit vermittelt werden müssten.

flânerie und Oszillation

Das Rhizom basiert nach Deleuze und Guattari auf sechs Prinzipien, die sich einmal als theoretische Grundsätze betrachten lassen, was ein Rhizom ausmacht, und einmal sozusagen als »poetologische« Grundsätze, wie ein Rhizom hergestellt werden kann. Im Verlauf der Explikation dieser Prinzipien möchte ich versuchen, jene praktischen Begriffe zu gewinnen, die als Orientierungen bei der Konstruktion eines moralischen Rhizoms dienen mögen.

Die ersten beiden Grundsätze hängen nach Deleuze und Guattari unmittelbar miteinander zusammen und heißen »[d]as Prinzip der Konnexion und der Heterogenität«.[19] Aus diesem Prinzipienkomplex ergeben sich sowohl eine spezifische Möglichkeit als auch gewissermaßen eine Aufgabe. »Jeder Punkt eines Rhizoms kann (und muß) mit jedem anderen verbunden werden.«[20] Die entsprechenden Verbindungen, die zwischen den Lebensformen und ihren Moralkonzepten herzustellen sind, werden dabei wahrscheinlich als erstes im Raume eines gegenseitigen Verständnisses gesucht – eine Suche, die sich auch hermeneutisch anleiten lässt. Verstehen funktioniert – mit Blick auf ein einfaches Grundmodell – auf der Basis von Analogieschlüssen. So versuche ich mir das Andere mit dem bei mir im weitesten Sinne Analogen zu erschließen, wobei ich bei der Auswahl dieses Analogen immer schon ein Stück weit verstanden haben muss. Das Zirkuläre am Verstehen und Deuten wird daher bei aller

---

18 M. Fuhrmann, *Bildung. Europas kulturelle Identität*, 41.
19 G. Deleuze u. F. Guattari, *Kapitalismus und Schizophrenie 2. Tausend Plateaus*, 16.
20 Ebd.

Vorsicht immer auch zu Kolonialisierungen führen.[21] Das Fremde
ist am Ende – ob berechtigterweise oder unberechtigterweise – stets
etwas, das ich selber bin, und wird mithin als Fremdes aufgehoben.
Es scheint dies die Tragikomödie der Zwischenmenschlichkeit (und
der Häuslichkeit) zu sein.

Eine Konnexion, die auf Verständnis bzw. auf Deutung und Interpretation aufbaut, hebt die andere Anschauung nach und nach auf,
sie schafft keine Verbindungen und Übergänge, sondern eine vereinnahmende Ganzheit, bei der das Fremde und das Disparate als solche zuletzt verschwinden. Aus diesem Grunde bilden die beiden
Prinzipien der »Konnexion« und der »Heterogenität« bei Deleuze
und Guattari ein unauflösbares Aggregat von Grundsätzen. Die Verbindungen sollen bei gleichzeitigem Festhalten am Heterogenen hergestellt werden. Da Deutung und Interpretation dies nicht zu garantieren vermögen, werden wir uns bei den Verknüpfungen zwischen
den Lebensformen und Gemeinschaften nach anderen Möglichkeiten
umsehen müssen.

Aus dem angesprochenen Prinzipienkomplex lassen sich bis dahin zum einen eine Aufforderung und zum anderen ein Ratschlag ableiten. Zunächst kann man aus dem Prinzip der Konnexion die Aufforderung zur *flânerie* gewinnen. Der Flaneur sucht die Begegnung
mit anderen Lebensformen; er repräsentiert den Typus des stillen
Beobachters, der selber als Individuum nicht auffällt.[22] »Der flâneur
macht bekanntlich ›Studien‹.«[23] Dabei geht es ihm weniger um ein
Verständnis des anderen Lebenskonzepts als um seine eigenen betreffenden Impressionen, die er für sich fruchtbar machen kann. Zygmunt Bauman spricht in dem Zusammenhang von einem Spiel des
Flaneurs. »Der Fremde im Spiel des Flaneurs ist nur der Anblick des
Fremden; er ist, was der Flaneur sieht, und nichts weiter – ein visu-
eller Eindruck, losgelöst vom Körper, von der Identität oder Biogra-

---

21 Vgl. dazu etwa das Beispiel von Richard M. Hares Kant-Verständnis in: Urs
    Thurnherr, *Vernetzte Ethik. Zur Moral und Ethik von Lebensformen*, Freiburg,
    München 2001, 250-252.
22 Vgl. Walter Benjamin, *Das Passagen-Werk*, in: ders., *Gesammelte
    Schriften*, hg. v. Rolf Tiedemann, Bd. V/1, Frankfurt/M. 1991, 533.
23 Ebd.

phie der Person, die diesen Eindruck abgab.«[24] Der Flaneur mag entweder grundsätzlich auf der Suche nach Sinn sein – eine Sinnsuche,
die selber zum Sinn geworden ist – oder er ist dabei, seine Lebensform zu reformulieren. In dieser Bedeutung enthält das Prinzip der
Konnexion eine Einladung zur *flânerie*.

Die Begegnungen mit anderen Lebensformen und ihren Moral-
anschauungen eröffnen nicht nur neue Perspektiven, sondern bein-
halten immer auch eine Infragestellung der eigenen Anschauung.
Wer die Heterogenität von Anschauungen anzuerkennen und die
Pluralität auszuhalten sucht, dem wird es – wie Gianni Vattimo es
ausdrückt – unmittelbar auch unheimlich. Als vernunftbegabte Wesen sind wir Menschen im Grunde auf Einheit und systematische
Überschaubarkeit angelegt. Nach Vattimo geht es denn im Kontext
der Pluralität darum, Aufbruch und Unsicherheit als zusammenhän-
gende Momente einer spezifischen Freiheit zu sehen. »In der genera-
lisierten Kommunikationsgesellschaft und in der Multikulturalität
[…] zu leben bedeutet, die Freiheit als andauernde Oszillation zwischen Zugehörigkeit und Un-heimlichkeit zu erfahren.«[25] Die eigene
Position in der Begegnung spielerisch zu verlassen und angstfrei aus
dieser Begegnung zurückzukehren, zwischen Eigenem und Fremden
zu oszillieren, stellt ein notwendiges Teilkönnen der Pluralismustauglichkeit dar. Die Forderung, uns »die Kunst der Oszillation«[26]
anzueignen, könnte uns denn im Brennpunkt zwischen den zwei
Prinzipien der Konnexion und der Heterogenität einen wichtigen
praktischen Orientierungspunkt liefern. In diesem Sinne müsste der
Flaneur jeweils ohne angestaute Feindseligkeit wieder zu Hause an-
kommen.

Ironie

Als drittes Prinzip des rhizomatischen Denkens nennen Deleuze und
Guattari das Prinzip der Mannigfaltigkeit. Mit Mannigfaltigkeit ist
hier eine Vielheit gemeint, die nicht zählbar ist. Hierzu gehört, dass

---

24 Z. Bauman, *Postmoderne Ethik*, 258.
25 Gianni Vattimo, *Die transparente Gesellschaft*, Wien 1992, 23.
26 Vgl. ebd., 65-84.

eine Mannigfaltigkeit weder verkleinert noch vergrößert werden
kann; als Mannigfaltigkeit ist sie immer vollständig. »Das Rhizom
[…] ist kein Mannigfaltiges, das sich aus der Eins herleitet und dem
man die Eins hinzuaddieren kann (n+1). Es besteht nicht aus Einheiten, sondern aus Dimensionen, oder vielmehr aus beweglichen Richtungen. Es hat weder Anfang noch Ende, aber immer eine Mitte, von
der aus es wächst und sich ausbreitet.«[27] Eine Kategorie wie Einheit
kann dem Mannigfaltigen insofern auf keine Weise gerecht werden,
als die Einheit weder der Ausgangspunkt noch das Ziel des Mannigfaltigen darstellt.

In diesem Sinne ist auch das moralische Rhizom zu verstehen.
Die mannigfaltigen Moralvorstellungen können durch keine Argumentation auf eine reduziert werden oder vom Standpunkt einer pro-
minenten Anschauung gegeneinander ausgespielt werden. Als Ange-
bote stehen die konkreten Moralvorstellungen uneinheitlich neben-
einander; gemeinsam ist ihnen soweit nur, dass sie allesamt Entwürfe der Menschlichkeit repräsentieren. Jede Einzelne basiert dabei auf
ihrer eigenen Begründung und überzeugt diejenigen, die ihr anhän-
gen. Dieses Bewusstsein der Unreduzierbarkeit der Anschauungen
schlägt sich unmittelbar in einem praktischen Begriff der Ironie nieder, wie er bei Richard Rorty zu finden ist.

Rorty hat im vorliegenden Zusammenhang die Figur der Ironikerin[28] entworfen.»›Ironikerin‹ werde ich eine Person nennen, die drei
Bedingungen erfüllt: (1) sie hegt radikale und unaufhörliche Zweifel
an dem abschließenden Vokabular, das sie gerade benutzt, weil sie
schon durch andere Vokabulare beeindruckt war […]; (2) sie er-
kennt, daß Argumente in ihrem augenblicklichen Vokabular diese
Zweifel weder bestätigen noch ausräumen können; (3) wenn sie philosophische Überlegungen zu ihrer Lage anstellt, meint sie nicht, ihr
Vokabular sei der Realität näher als andere oder habe Kontakt zu
einer Macht außerhalb ihrer selbst.«[29] Die Ironie ist hier – anders als
etwa bei Aristoteles – als Mitte zwischen den beiden Fehlhaltungen

---

27 G. Deleuze u. F. Guattari, *Kapitalismus und Schizophrenie 2. Tausend Pla-
    teaus*, 36.
28 Vgl. Richard Rorty, *Kontingenz, Ironie und Solidarität*, übers. v. Christa
    Krüger, Frankfurt/M. [3]1995, 127-161.
29 Ebd., 127.

des Indifferentismus und des Fanatismus zu begreifen. Die Ironikerin ist zum einen nicht gleichgültig; sie hat eine eigene Überzeugung. Zum anderen ist sie sich aber sowohl des schwebenden Fundamentes wie auch der kontingenten Geschichte ihrer Überzeugung
wohl bewusst; sie vergisst den Umstand nicht, dass sie zu früheren
Zeiten genauso von anderen Anschauungen überzeugt war, wie sie
es heute von ihrer aktuellen Anschauung ist. Dieses Wissen macht
ein spezifisches ironisches Bewusstsein der Selbstdistanz aus und
verortet die eigene Anschauung in der Mannigfaltigkeit des moralischen Rhizoms.

Spiel

Bei dem vierten Prinzip des Rhizom, dem »Prinzip des asignifikanten Bruchs«,[30] denken Deleuze und Guattari an eine besondere Fähigkeit von Rhizomen. »Ein Rhizom kann an jeder Stelle unterbrochen oder zerrissen werden, es setzt sich an seinen eigenen oder an
anderen Linien weiter fort.«[31] Ein Rhizom ist unhierarchisch und
dezentral organisiert. Es gibt keine zentralen Extensionslinien, bei
deren Unterbrechung das Rhizom als Ganzes gefährdet wäre. »Jedes
Rhizom enthält Segmentierungslinien, die es stratifizieren, territorialisieren, organisieren, bezeichnen, zuordnen etc.; aber auch Deterritorialisierungslinien, die jederzeit eine Flucht ermöglichen.«[32] Das
Potenzial, das in diesem Umstand geborgen liegt, führen Deleuze
und Guattari an einem etwas speziellen Beispiel vor Augen: »Unter
bestimmten Bedingungen kann ein Virus sich mit Keimzellen verbinden und dann als Gen in den Zellen einer komplexen Spezies
weitergegeben werden; mehr noch, es könnte auch fliehen, in die
Zellen einer ganz anderen Spezies eindringen und ›genetische Informationen‹ mitbringen, die vom ersten Wirt stammen […].«[33] Vor
diesem Hintergrund scheinen wir Menschen etwa mit den Tieren in

---

30 G. Deleuze u. F. Guattari, *Kapitalismus und Schizophrenie 2. Tausend Plateaus*, 19.
31 Ebd.
32 Ebd.
33 Ebd., 20 f.

einer umfassenden rhizomatischen Beziehung zu stehen. »Wir bilden
ein Rhizom mit unseren Viren, oder vielmehr, unsere Viren veran-
lassen uns, ein Rhizom mit anderen Tieren zu bilden.«[34] Die Vogel-
grippe und ihre Gefahren für den Menschen zeigen uns diese rhizomatischen Verhältnisse gegenwärtig besonders lebhaft auf. Nicht die
eindimensionale Geschichte der Abstammung einer Spezies sind dabei von Interesse, sondern die transversalen Verbindungen zwischen
den Arten. Aus diesem Grunde heben die beiden Autoren hervor:
»Das Rhizom ist eine Anti-Genealogie.«[35] Brüche sind in diesem
Sinne asignifikant.

Ähnlich lassen sich die Zusammenhänge zwischen den diversen
Lebensformen innerhalb eines moralischen Rhizoms nur in Termini
der Kontingenz beschreiben. Wiederum ist es Richard Rorty, der uns
in seinem Buch *Kontingenz, Ironie und Solidarität* dazu das Modell
liefert. Am Beispiel der Kopernikanischen Wende[36] versucht Rorty
zu zeigen, dass ein solcher Paradigmenwechsel zwischen »Vokabularen«, worunter er Sprachspiele[37] versteht, allein als kontingent zu
denken ist. »Ein Kulturwandel dieser Größenordnung ist nicht Ergebnis einer Anwendung von Entscheidungskriterien.«[38] Der Grund
für den Wechsel eines Vokabulars ist denn nicht darin zu suchen,
dass das neue Vokabular uns der Wahrheit näher bringen würde[39]
oder dass damit ein spezifischer objektiver Fortschritt verbunden
wäre, sondern darin, dass das neue Vokabular für die Rezipienten
attraktiver ist. »Interessante Philosophie ist nur selten eine Prüfung
für und wider eine These. Gewöhnlich ist sie explizit oder implizit
Wettkampf zwischen einem erstarrten Vokabular, das hemmend
oder ärgerlich geworden ist, und einem neuen Vokabular, das erst
halb Form angenommen hat und die vage Versprechung großer Dinge bietet.«[40] So basiert ein Wechsel von Vokabularen wie bei der
Kopernikanischen Wende schließlich auf dem »argumentum ad nau-

---

34 Ebd., 21.
35 Ebd.
36 Vgl. R. Rorty, *Kontingenz, Ironie und Solidarität*, 26.
37 Vgl. ebd., 25.
38 Ebd.
39 Vgl. ebd., 27.
40 Ebd., 30.

seam«, darauf, »daß wir vielleicht mit den alten Dingen aufhören möchten und lieber etwas anderes täten. Aber sie liefert für diesen Vorschlag keine Argumente auf der Basis vorgängiger Kriterien, die den alten und den neuen Sprachspielen gemeinsam wären.«[41] Als alleiniger Maßstab bleibt für die Rezipienten die Brauchbarkeit eines Vokabulars – eine Brauchbarkeit, die sich »im Verfahren von Versuch und Irrtum«[42] manifestieren mag. Entsprechend diesem Modell gibt es auch im moralischen Rhizom keine Möglichkeit, auf hierarchische Weise zwischen höheren und niedrigeren Lebensformen zu differenzieren. Für den Wechsel von einer Lebensform zu einer anderen ist uns kein objektives Kriterium an die Hand gegeben. Die neue Lebensform mag am Ende bloß besser zu uns passen als die bisherige.

Gemäß dem Prinzip des nicht bedeutsamen Wechsels sprechen Deleuze und Guattari davon, dass die Rhizomatik eine Nomadologie sei.[43] Als Nomaden der Lebensformen sind wir dazu aufgerufen, für uns passende Konzepte zu entwickeln und zu finden. Hierauf gründet die Aufforderung zum Experimentieren und zum Spielen. Im Spiel manifestiert sich schließlich auch jene Freiheit, die mit der Kunst der Oszillation verknüpft ist.[44]

Kartographieren

Die letzten beiden Prinzipien sind »[d]as Prinzip der Kartographie und des Abziehbildes«[45]. Nach Deleuze und Guattari repräsentiert das Rhizom selber eine Landkarte und funktioniert wie die Kartographie. »Die Karte ist offen, sie kann in all ihren Dimensionen verbun-

---

41 Ebd., 31.
42 Ebd., 35.
43 Vgl. Gilles Deleuze u. Félix Guattari, *Rhizom*, Frankfurt/M. 1974, 37. – Vgl. dazu W. Welsch, *Vernunft. Die zeitgenössische Kritik und das Konzept der transversalen Vernunft*, 366 und A. Villani, »Physische Geographie der Tausend Plateaus«, 24.
44 Vgl. zum Beispiel Z. Bauman, *Postmoderne Ethik*, 254.
45 G. Deleuze u. F. Guattari, *Kapitalismus und Schizophrenie 2. Tausend Plateaus*, 23.

den, zerlegt und umgekehrt werden, sie kann ständig neue Veränderungen aufnehmen.«[46] Mit der Betonung der Unabgeschlossenheit und völliger Offenheit zielen die Autoren vor allem auf ein methodisches Moment, wie es nach ihrer Auffassung etwa auch im Denken und Schreiben zum Ausdruck kommt. »Schreiben hat nichts mit Bedeuten zu tun, sondern damit, Land – und auch Neuland – zu vermessen und zu kartographieren.«[47] Die eigentliche Bedeutung der Kartographie mag sich bei Gilles Deleuze in seiner *Logik des Sinns* erhellen, wo er »[v]on den drei Philosophenbildern«[48] handelt.

Ausgehend von der Antike unterscheidet Deleuze zunächst die Platoniker, die Vorsokratiker und die Stoiker. Die Konzentration der Platoniker ist dabei auf die Höhe gerichtet, alles Wesentliche ist – wie das Höhlengleichnis veranschaulicht – nur über einen Aufstieg in der Höhe zu erlangen.[49] »Der Idealismus ist die angeborene Krankheit der platonischen Philosophie und mit ihrem Hang zu Aufstiegen und Stürzen die manisch-depressive Form der Philosophie überhaupt.«[50] Die Vorsokratiker dagegen sind für die Tiefe zuständig, sie wenden sich der Suche nach dem Urgrund zu. »Der vorsokratische Philosoph verläßt die Höhle nicht und meint im Gegenteil, daß man sie noch nicht genug zur eigenen Sache gemacht habe, noch nicht tief genug in sie eingedrungen sei.«[51] Sozusagen dazwischen sind die Stoiker zu verorten, die ihrerseits an der Erdoberfläche verbleiben. »Das ist die große stoizistische Entdeckung, zugleich gegen die Vorsokratiker und gegen Platon: die Unabhängigkeit der Oberfläche, unabhängig von der Höhe und der Tiefe, gegen die Höhe und die Tiefe [...].«[52] In Abgrenzung zu den vorsokratischen Verwaltern der genealogischen Künste und den platonischen Aufsteigern könnte man die Stoiker auch als »Geophilosophen«[53] bezeichnen, wie ein

---

46 Ebd., 24.
47 Ebd., 14.
48 Vgl. Gilles Deleuze, *Logik des Sinns*, übers. v. Bernhard Dieckmann, Frankfurt/M. 1993, 162-169.
49 Vgl. ebd., 162.
50 Ebd.
51 Ebd., 163.
52 Ebd., 168.
53 Vgl. G. Deleuze u. F. Guattari, *Kapitalismus und Schizophrenie 2. Tausend Plateaus*, 97-131.

anderer Titel bei Deleuze und Guattari nahe legt. In diesem Sinne geht es schließlich bei der Kartographie um nichts weniger als darum, rhizomatisch die Erdoberfläche als menschliche Heimstatt zu erobern und zu gestalten. »Wie soll man die neue philosophische Operation benennen, insofern sie sich gleichzeitig der platonischen Konversion und der vorsokratischen Subversion entgegensetzt?«,[54] fragt sich Deleuze. Er schlägt den Begriff der Perversion vor, wobei damit die Verkehrung der vertikalen und der horizontalen Achse gemeint ist.[55] Nicht mehr weiter das Oben und Unten, das Höher und Tiefer stehen zur Diskussion, sondern die Zusammenhänge, Verbindungslinien, Übergänge und Gemeinsamkeiten sowie die Grenzen, die Unterschiede, die Weglosigkeiten und die Disparatheiten.

Dolmetschen

Die Vermessung zusammenhängender Ebenen, wie sie durch die Kunst der Kartographie angestrebt wird, scheint im Kontext der Lebensformen eine Vermittlungsaufgabe zu sein. Gewöhnlich betrachten wir eine solche Aufgabe als eine Frage des Verstehens oder entsprechend als ein hermeneutisches Problem. Im Spannungsfeld der beiden Prinzipien der Konnexion und der Heterogenität ist allerdings bereits deutlich geworden, dass die vereinnahmende Verstehensbewegung keine rhizomatische Funktion darstellen kann. Das dem Ausdruck »Hermeneutik« zugrunde liegende Wort besitzt indessen drei Inhaltsdimensionen, wie beispielsweise Gerhard Ebeling in seinem Hermeneutik-Artikel hervorhebt: »aussagen (ausdrücken), auslegen (erklären) und übersetzen (dolmetschen)«.[56] Leicht könnte übersehen werden, dass auch die Kunst der Übersetzung durch die Hermeneutik thematisiert und angeleitet wird. Vielleicht lässt sich die angesprochene Vermittlungsarbeit auch als Übersetzungstätigkeit angehen.

---

54 G. Deleuze, *Logik des Sinns*, 169.
55 Vgl. Ebd.
56 Gerhard Ebeling, Artikel »Hermeneutik«, in: Kurt Galling (Hg.), *Die Religion in der Geschichte und Gegenwart. Handwörterbuch für Theologie und Religionswissenschaft*, Bd. 3, Tübingen 1959, Sp. 243.

Nach der Übersetzungstheorie von Erwin Koschmieder,[57] die den betreffenden Vorstellungen des Common Sense nahe kommt, geht es bei einer Übersetzung aus einer Ausgangs- in eine Zielsprache einfach darum, die sich entsprechenden Wörter zu finden. Radegundis Stolze fasst in ihrem Überblick über die »Übersetzungstheorien« Koschmieders Übersetzungsbegriff unter dem Titel »Die absolute Übersetzbarkeit über tertium comparationis«[58] wie folgt zusammen: »Übersetzen heißt, zum ausgangssprachlichen Zeichen über das ausgangssprachlich Bezeichnete das Gemeinte finden und zu demselben Gemeinten in der Zielsprache über das zielsprachlich Bezeichnete das zugeordnete zielsprachliche Zeichen finden.«[59] Eine solche Vermittlung durch Übersetzung wäre im Bereich der Lebensformen ohne Schwierigkeiten vorstellbar. So könnte etwa das, was dem theoretischen Menschen Maximen sind, für den ästhetischen Menschen in dasjenige übersetzt werden, was letzterem etwa »das Bild seines Lebens«[60] bedeutet. Eine entsprechende Übersetzungstätigkeit könnte möglicherweise einiges an Verbindungen herstellen, würde aber auch weitgehend durch die Grenzen behindert, die das Unübersetzbare darstellt.

Auch Walter Benjamin greift im Vorwort seiner eigenen Übersetzung der Gedichte Charles Baudelaires unter dem Titel »Die Aufgabe des Übersetzers«[61] die Frage nach der Möglichkeit von Übersetzung auf.[62] »Was ›sagt‹ denn eine Dichtung? [...] Ihr Wesentliches ist nicht Mitteilung, nicht Aussage. Dennoch könnte diejenige Übersetzung, welche vermitteln will, nichts vermitteln als die Mittei-

---

57 Vgl. Erwin Koschmieder, *Beiträge zur allgemeinen Syntax*, Heidelberg 1965, 104. – Vgl. Radegundis Stolze, *Übersetzungstheorien. Eine Einführung*, Tübingen 1994, 40.

58 Vgl. R. Stolze, *Übersetzungstheorien*, 39-41.

59 Ebd.

60 Tacitus, *Ab excessu divi Augusti*, XV, 62, in: ders., *Annalen, XI-XVI*, übers. v. Walther Sontheimer, Stuttgart 1967, 205.

61 Vgl. Walter Benjamin, »Die Aufgabe des Übersetzers«, in: ders., *Gesammelte Schriften*, hg. v. Tillman Rexroth, Bd. IV/1, Frankfurt/M. 1972, 9-21.

62 Vgl. dazu J. Derrida, »Babylonische Türme. Wege, Umwege, Abwege«, 119 ff.; Carol Jacobs, »Die Monstrosität der Übersetzung«, in: A. Hirsch (Hg.), *Übersetzung und Dekonstruktion*, a.a.O., 166 ff.; Paul de Man, »Schlußfolgerungen – Walter Benjamins *Die Aufgabe des Übersetzers*«, ebd., 182 ff.

lung – also Unwesentliches.«[63] Der Wert dessen, was sich auf der
Ebene des Mitteilbaren übersetzen lässt, ist nach Benjamin immer
um vieles geringer als der Gehalt dessen, was insgesamt nicht übersetzt werden kann. Eine Übersetzung vermag daher nicht alleine zu
bestehen. »Übersetzung ist eine Form. Sie als solche zu erfassen, gilt
es zurückzugehen auf das Original.«[64] Im Medium des Übersetzens
vermag sich nach Benjamin eine gewisse »Verwandtschaft der Sprachen«[65] zu manifestieren – eine Verwandtschaft, die nicht mit Ähn-
lichkeit zu verwechseln ist.[66]

Diese Verwandtschaft ist daher auch nicht im Bereich einer ver-
gleichbaren Semantik oder Grammatik zu suchen: »Vielmehr beruht
alle überhistorische Verwandtschaft der Sprachen darin, daß in ihrer
jeder als ganzer jeweils eines und zwar dasselbe gemeint ist, das
dennoch keiner einzelnen von ihnen, sondern nur der Allheit ihrer
einander ergänzenden Intentionen erreichbar ist: die reine Sprache.«[67] Im Horizont dieses Verständnisses begreift Benjamin das
Wesentliche an der Übersetzungstätigkeit darin, »daß alle Übersetzung nur eine irgendwie vorläufige Art ist, sich mit der Fremdheit
der Sprachen auseinanderzusetzen«.[68]

Den Vorgang des Übersetzens illustriert Benjamin schließlich
durch das Bild eines Gefäßes, das zerbrochen ist und das man wieder zusammenzusetzen sucht. »Wie nämlich Scherben eines Gefäßes, um sich zusammenfügen zu lassen, in den kleinsten Einzelhei-
ten einander zu folgen, doch nicht so zu gleichen haben, so muß,
anstatt dem Sinn des Originals sich ähnlich zu machen, die Übersetzung liebend vielmehr und bis ins Einzelne hinein dessen Art des
Meinens in der eigenen Sprache sich anbilden, um so beide wie
Scherben als Bruchstücke eines Gefäßes, als Bruchstück einer
größeren Sprache erkennbar zu machen.«[69] Mit diesem Bild wird
das Augenmerk vom Inhalt auf die Zugehörigkeit verlagert.

---

63 Walter Benjamin, »Die Aufgabe des Übersetzers«, 9.
64 Ebd.
65 Ebd., 13.
66 Vgl. ebd., 13.
67 Ebd., 13 f.
68 Ebd., 14.
69 Ebd., 18.

Was im Wesentlichen zu tun ist, beschreibt Jacques Derrida in einem Interview, das Florian Rötzer[70] mit ihm führte, mit den Wendungen: »sich ineinander übersetzen [...], sich aufeinanderpropfen (greffer) oder ineinanderfügen (articular)«.[71]

Übertragen wir dieses Verständnis der Übersetzung auf die rhizomatische Kunst der Kartographie, so geht es auch beim moralischen Rhizom darum, Zusammenhänge, Anschlüsse und Übergänge zu gestalten, um in der »Gemeinschaft der Gemeinschaften« die Verwandtschaft der Gemeinschaften und damit die gemeinsame Menschlichkeit aufscheinen zu lassen. Kartographieren ist eine aufgegebene Grundtätigkeit, durch die das moralische Rhizom allererst entstehen mag und es bedeutet – wenn man hier einen Titel von Fritz Paepcke aufgreifen mag –, »im Übersetzen [zu] leben«.[72] »[...] das Übersetzen ist von der Vollendung her zu betrachten, und beim Übersetzen ist die Erfahrung im Umgang mit Sprache nicht die Erfahrung sprachlicher Vollendung, sondern die vollendete Offenheit für fortgesetzt neue Versuche.«[73]

Takt

Die Kartographie ist eine taktile Kunst. Einer ihrer hauptsächlichen Bereiche macht den Takt oder die Höflichkeit aus. Die Höflichkeit wird in aller Regel nicht der Moral zugerechnet.[74] Gerne schreibt man ihr eine gewisse Oberflächlichkeit zu.[75] Bei den Regeln der Höflichkeit stehen keine spezifischen Inhalte im Vordergrund, über die sich als Inhalte wirklich umfassend zu streiten lohnte. Erving

---

70 Vgl. Florian Rötzer, *Französische Philosophen im Gespräch*, München ²1987, 67-87.
71 Ebd., 80 f.
72 Vgl. dazu R. Stolze, *Übersetzungstheorien*, 193-195.
73 Fritz Paepcke, *Im Übersetzen leben. Übersetzen und Textvergleich*, hg. v. Klaus Berger u. Hans-Michael Speyer, Tübingen 1986, 87.
74 Vgl. André Comte-Sponville, »Die minimale Tugend – Höflichkeit«, in: Ruthard Stäblein (Hg.), *Höflichkeit. Tugend oder schöner Schein*, Frankfurt/M. 1997, 20. – Vgl. dazu vielleicht auch Immanuel Kant, »Pädagogik«, in: ders., *Akademie-Ausgabe*, Bd. IX, Berlin 1968, 450.
75 Vgl. A. Comte-Sponville, »Die minimale Tugend – Höflichkeit«, 21.

Goffman spricht in diesem Zusammenhang von zeremoniellen Regeln. »Eine zeremonielle Regel bestimmt das Verhalten gegenüber Dingen, die für sekundär oder bedeutungslos gehalten werden, deren hauptsächliche Bedeutung aber jedenfalls offiziell ein konventionalisiertes Mittel der Kommunikation ist, durch das man seinen Charakter zum Ausdruck bringt oder seine Einschätzung anderer Teilnehmer in der Situation übermittelt.«[76] Auch bei allen Differenzen in den moralischen Anschauungen kann man immer noch höflich miteinander umgehen. In diesem Sinne scheint die Höflichkeit nicht deshalb außerhalb der Moral zu liegen, weil sie unwichtiger wäre als die Moral, sondern weil sie möglicherweise in gewisser Hinsicht sogar der Moral vorausgeht. Sie bleibt übrig, wenn wir uns noch nicht oder nicht mehr über die Moral zu einigen vermögen. In diesem Sinne ordnet beispielsweise Cora Stephan der Höflichkeit in ihrer Studie die Funktion einer Lingua franca zu: »[...] Formen des Umgangs miteinander [...] sind das zivilisatorische Minimum, sozusagen, auf das Menschen unterschiedlichster Herkunft, mit verschiedenen Überzeugungen, Religionen, Pässen, Hautfarben und kulturellen Vorgaben ausgestattet, zurückgreifen können. Sie sind die *lingua franca* einer multikulturellen Gesellschaft.«[77]

Durch höfliches Verhalten wird eine Begegnung auch mit denjenigen Menschen ermöglicht, deren Denken und Handeln einem selber fremd sind und fremd bleiben mögen. Im Bereich der Höflichkeit entsteht so etwas wie ein Raum der Begegnung, ohne sich dabei zu nahe kommen zu müssen. »Indem man reglementierten Respekt entgegenbringt, vermeidet man die radikale Frage, ob der Respekt auch gerechtfertigt sei.«[78] Diese Möglichkeit des Nähertretens bei gleichzeitigem Einhalten eines gewissen Abstandes betont neben Richard Sennett[79] unter anderen auch Stephan, wenn sie die höflichen »For-

---

76 Erving Goffman, *Interaktionsrituale. Über Verhalten in direkter Kommunikation*, Frankfurt/M. 1986, 61. – Vgl. dazu Emile Durkheim, *Soziologie und Philosophie*, Frankfurt/M. 1967, 90-94.

77 Cora Stephan, *Neue deutsche Etikette*, Berlin 1995, 13. – Vgl. ebd., 45.

78 Mohammed Rassem, *Stiftung und Leistung. Essais zur Kultursoziologie*, Mittenwald 1979, 119.

79 Vgl. Richard Sennett, *Verfall und Ende des öffentlichen Lebens. Die Tyrannei der Intimität*, Frankfurt/M. 2004, 35.

men, Sitten, Manieren« als »die kleinen Rituale der Annäherung bei Distanzwahrung«[80] bezeichnet.

Mit der Distanz ist der Respekt vor der »ideellen Sphäre« des anderen Menschen angesprochen, wie Georg Simmel es an einer Stelle ausdrückt. »[…] um jeden Menschen liegt eine ideelle Sphäre […], in die man nicht eindringen kann, ohne den Persönlichkeitswert des Individuums zu zerstören. […] sehr fein bezeichnet die Sprache eine Ehrenkränkung als ›zu nahe Treten‹ […].«[81] Durch Höflichkeiten anerkennt man das Hoheitsgebiet des anderen Menschen, in das man nicht eintritt, bevor man dazu nicht ausdrücklich eingeladen worden ist. »Indem man einander höflich behandelt, hat man mithin als Grundnorm anerkannt, daß ein jeder Anspruch darauf hat, in seiner Lebenssphäre und in seinem Selbstgefühl nach Möglichkeit nicht gestört oder gar verletzt zu werden.«[82] In dem betreffenden Hoheitsgebiet hat der Einzelne das Recht, seine Anschauungen – soweit diese die Menschlichkeit wahren – zu kultivieren, ohne sich unmittelbar der Kritik aussetzen zu müssen. Für den Außenstehenden gilt es hierbei – wie auch Karl-Heinz Ilting betont –, die Selbstachtung des anderen zu achten. »Höflich ist man […] gerade auch gegenüber Schwächeren, d.h.: Man respektiert ihren Anspruch auf Selbstachtung […].«[83] Welches Selbstbild auch immer jemand entwickelt hat, es gibt im Bereich der Höflichkeit keine Pflicht, alle immer mit den so genannten »Wahrheiten« zu konfrontieren.

Nun zeigt sich aber bei der Höflichkeit, insbesondere wenn sie gegenüber Mitgliedern anderer Gemeinschaften oder Kulturen ausgeübt werden soll, eine fundamentale Schwierigkeit. Wir alle wissen, dass nicht nur in Bezug auf die moralischen Anschauungen, sondern auch in Bezug auf die konkreten Formen der Höflichkeit

---

80 Cora Stephan, »Gesinnung und Form«, in: R. Stäblein (Hg.), *Höflichkeit. Tugend oder schöner Schein*, 36.
81 Georg Simmel, *Soziologie*, Berlin 1968, 265. – Vgl. Erving Goffman, *Interaktionsrituale. Über Verhalten in direkter Kommunikation*, Frankfurt/M. 1986, 70 f.
82 Karl-Heinz Ilting, *Grundfragen der praktischen Philosophie*, hg. v. Paolo Becchi u. Hansgeorg Hoppe, Frankfurt/M. 1994, 125.
83 Ebd., 127.

eine gewisse Uneinigkeit herrscht.[84] Was ich gegebenenfalls als höflich ansehe, wird vielleicht von jemand anderem als unhöflich erachtet. »Es passiert uns häufig, daß wir in andere Länder kommen, in denen wir die Höflichkeitssitten nicht kennen. Grüßt man mit Verbeugung, Handschlag, Umarmung, Kuß oder nur verbal usw.? Das sind Handlungen, in denen in einer bestimmten Gesellschaft zum Ausdruck gebracht wird, daß man den anderen anerkennt. Welches diese Handlungen jeweils sind, ist von Gesellschaft zu Gesellschaft verschieden.«[85] Der Höflichkeit eignet mithin in gewisser Hinsicht eine spezifische Ortsgebundenheit. Aus diesem Grunde brauchen wir sozusagen eine Technik, höflich sein zu können, ohne die spezifischen Formen der Höflichkeit kennen zu müssen.

Einen bedeutsamen Hinweis in diesem Kontext gibt uns Mohammed Rassem in seinem Aufsatz »Der Sinn der Höflichkeit«.[86] »Die Höflichkeit reguliert [...] die Intensität sozialer Bezüge. Es steckt ein sinnlich-künstlerisches Element in ihr, darauf beruht ihre überredende Kraft. [...] Sie ist *Takt* im Sinne von Tastsinn, also ein Organ für das Konkrete, für die soziale Wirklichkeit. Sie erscheint zwar zunächst maskenhaft und förmlich, erweist sich aber als ein spielhaftes, vermittelndes Element.«[87] Der Takt bildet schließlich eine höchste Form von Höflichkeit und macht zugleich ihr Gestaltungskriterium aus.

Für Rassem verfügt der taktvolle Mensch neben einem bestimmten Maß an »Selbstkontrolle« vor allem über eine gewisse »Aufmerksamkeit«, Phantasie und Empathie.[88] Das Moment der »Einfühlung« darf hierbei aber nicht wiederum missverstanden werden als die Fähigkeit, die Anschauungen des anderen Menschen zu verstehen. Vielmehr geht es um ein Gespür für die Verletzlichkeiten, die extensiven Ansprüche und die Grenzen des Gegenübers. Takt als die hohe Kunst der Höflichkeit erscheint von daher als das Medium,

---

84 Vgl. Norbert Hoerster, »Ethik und Moral«, in: Dieter Birnbacher u. Norbert Hoerster (Hg.), *Texte zur Ethik*, München ⁷1989, 20.

85 E. Tugendhat, *Vorlesungen über Ethik*, 257.

86 Vgl. M. Rassem, *Stiftung und Leistung. Essais zur Kultursoziologie*, 115-135.

87 Ebd., 134. – Vgl. dazu K.-H. Ilting, *Grundfragen der praktischen Philosophie*, 105 ff., insbes. 131.

88 Vgl. M. Rassem, *Stiftung und Leistung. Essais zur Kultursoziologie*, 130.

innerhalb dessen eine Übersetzung zwischen den Lebensformen und Kulturkreisen allererst möglich wird. Er ist gar insofern die Kunst der Übersetzung in Benjaminschem Sinne, als er eine taktile Weise meint, Übergänge, Verbindungen und Schranken zwischen den Menschen und ihren Anschauungen zu ertasten und zu modellieren.

Mit den Begriffen der Oszillation, der *flânerie*, der Ironie, des Experimentes oder Spieles, des Dolmetschens und des Taktes sind am Ende jene praktischen Orientierungen genannt, die in Korrespondenz mit den sechs rhizomatischen Prinzipien bei Deleuze und Guattari ein moralisches Rhizom zu fördern vermögen und die in der dargelegten Bedeutung als Fähigkeiten und Tätigkeiten zum Kanon einer Bildung zur Pluralismustauglichkeit und zur Menschlichkeit gehören.

Käte Meyer-Drawe

Bildung und Leiblichkeit

Das Thema »Bildung und Leiblichkeit« kann auf sehr unterschiedliche Weise entfaltet werden. Eine nahe liegende Möglichkeit bestünde darin, zunächst einmal die beiden Hauptbegriffe zu klären, wenn nicht gar zu definieren. Ihrer weiten Verbreitung entspricht nämlich durchaus nicht eine ebenso große Klarheit, wobei der Begriff der Bildung scheinbar vertrauter ist als jener der Leiblichkeit. Dieser Weg wird hier allerdings nicht gewählt. Auch sollen keine Streifzüge durch die Geschichte der Philosophie unternommen werden.[1] Stattdessen soll, ohne jeweils eigens zwischen Erziehung und Bildung zu unterscheiden, *erstens* ein Blick in unsere Praxis geworfen werden, um die Rolle der Sinnlichkeit in Erinnerung zu rufen, die in Theorien oft nur in sehr erlauchter Gestalt Berücksichtigung findet. Dann wird *zweitens* in historischer Perspektive zumindest angedeutet, warum Bildung und Leiblichkeit tatsächlich ein höchst problematisches Verhältnis zueinander haben, um schließlich *drittens* zu einem Vorschlag zu gelangen, wie Bildung und Leiblichkeit in eine fruchtbare Beziehung gesetzt werden können.

1. Alltägliches

Die Behauptung, dass der Körper Medium pädagogischen Handelns sei, kann trivial sein; denn wir begegnen uns im Rahmen gemeinsa-

---

1 Ausführlich vgl. Käte Meyer-Drawe, »Leiblichkeit«, in: Dietrich Benner u. Jürgen Oelkers (Hg.), *Historisches Wörterbuch der Pädagogik*, Weinheim, Basel 2004, 603-619.

men Handelns als leibliche Wesen, welche sich wechselseitig sehen, riechen, hören, fühlen können. Auch in pädagogischen Interaktionen mischt der Leib mit, selbst wenn er sich häufig in einer Art heimlicher Mechanik verbirgt. Werfen wir einen Blick in eine Schule.

Im Unterricht weisen wir mit unserem *Zeigefinger* auf Gegenstände, aber auch auf Mitmenschen. Wir recken ihn in die Luft, um Aufmerksamkeit zu erreichen. Unsere Hände führen eigentümliche Choreographien aus. Sie beschwören, sie hämmern, sie wehren ab, sie schließen aus, sie umfangen. Aber auch wenn sie ruhen, sprechen sie über unser Verhältnis zu uns selbst und über unseren Kontakt miteinander.

Unsere *Stimme* gestaltet unaufhörlich den Raum unserer Zwischenleiblichkeit und ruft Stimmungen hervor. Sie durchdringt Wände, kann aber auch im Zischeln ihr eigenes Verschwinden ankündigen, etwa weil sie der handgreiflichen Gewalt Platz machen möchte oder weil sie nicht für fremde Ohren gedacht ist. Wir heben sie und halten sie in der Schwebe, wenn wir z.B. eine Antwort hervorlocken wollen. Sie verrät uns unentwegt. In der Begeisterung und im Zorn entgeht sie unserer Kontrolle. Wir schmeicheln uns mit ihr ein oder benutzen sie als Waffe. Bei Frauen mutet hysterisch an, was bei Männern als Engagement vernommen wird. Über die Stimme der Erziehenden ist noch viel zu wenig nachgedacht worden.[2]

Blickkontakte strukturieren Machtfelder, heischen nach Zustimmung, verbrüdern sich im gemeinsamen Spott. Lehrerinnen und Lehrer möchten die Blicke fesseln. Diese sollen nicht unkontrolliert umherschweifen. Die größte Gefahr im Klassenzimmer ist das Fenster als Fluchtweg vor dem Auge, das alles sieht. Blicke können kalt sein oder Wärme ausstrahlen. Sie können integrieren, negieren, isolieren. Bevor der Verstand es ahnt und die Vernunft es begreift, ist der soziale Raum mit Fissuren der Macht durchzogen.

Zu Unrecht oft vergessen wird schließlich das *Riechen*, dessen wissenschaftliche Erforschung im Jahr 2004 mit dem Nobelpreis gewürdigt wurde: Unsere Nasen sind empfindlich, oftmals Sitz der Familienähnlichkeit, jedenfalls Ort eines unbestechlichen Gedächtnisses. Schulgebäude verlieren ihren Geruch nicht, diese eigentümliche

---

2   Vgl. Käte Meyer-Drawe, »Stimmgewalten«, in: Burkhard Liebsch u. Dagmar Mensink (Hg.), *Gewalt verstehen,* Berlin 2003, 119-129.

Mischung aus Körperdunst und aggressiver Reinigung. Selbst nach Jahren erinnern Gerüche an Angst vermischt mit dem praktischen Gummiboden, erfolglos traktiert mit Säuberungsmitteln, die ihre eigene Note beitragen. Kein Lüften hilft. Wände und Böden zeugen von unzähligen Händen und Füßen.

Es sind hier keine ganzheitlichen Körper, die gemeinsam agieren, sondern Zuspitzungen des eigenen Leibes: etwa darin, ganz Ohr zu sein oder ganz Auge. Auf den Kopf wird sich alles konzentrieren, selbst wenn man der Fußgestik oft mehr ansehen kann, so den Wunsch wegzulaufen, herauszukommen aus unangenehmen Situationen. Aber dieser Kopf ist nicht nur Gehirn, wie es heute manchmal scheinen mag, wenn alles Lernen auf synaptische Aktivitäten konzentriert wird. Der Kopf ist auch Leib, eine ganz besondere Empfangsstation, welche die Welt aufnimmt und welche sich selbst auf geradezu kränkende Weise entzogen ist. Alle Sinneserfahrungen zeugen von Sozialisationsschicksalen und Einschreibungen durch die gesellschaftliche Wirklichkeit. Von anthropologischen Daten kann keine Rede sein. Wenn nach dem Ausgeführten der Leib Medium pädagogischen Handelns ist, dann kann er auch mediatisiert werden. Damit ist das Ende der Trivialität erreicht. Werfen wir einen Blick zurück.

2. Historisches

Seit jeher ist die Sinnlichkeit ein Medium der Erziehung. Ihr problematisches Verhältnis zur Vernunft musste geregelt, gestaltet und organisiert werden. Sie stand und steht für die animalische und wilde Seite unserer Existenz, von der eine beständige Bedrohung ausgeht. Das gilt nicht nur, wenn es um Erkenntnis geht, sondern auch dann, wenn der Leib selbst im Mittelpunkt steht, wenn es nämlich um die Erziehung zum tüchtigen Soldaten, zum gehorsamen Sklaven oder zum brauchbaren Bürger geht. Unterschiedliche Gesellschaften haben diese Aufforderungen auf sehr verschiedene Weise zu ihrer Sache gemacht. Man denke an die spartanische Erziehung, an die griechische Lebenskunst und an die christliche Askese. Dem Körper kommt in allen Fällen eine andere Bedeutung zu. Er gilt als Ort des Maßes, als Gefängnis der Seele, als Widersacher des Geistes. Es ver-

steht sich von selbst, dass hier auch nicht annähernd alle Aspekte zur
Sprache gebracht werden können. Drei Beispiele sollen helfen, das
Gemeinte zu verdeutlichen:

2.1 Aspekte des Philanthropinismus (der deutschen Aufklärungs-
    pädagogik),

2.2 der Reformpädagogik an der Wende vom neunzehnten zum
    zwanzigsten Jahrhundert und schließlich

2.3 der nationalsozialistischen Erziehungsprogrammatik.

2.1 Aspekte des Philanthropinismus

Der deutsche Philanthropinismus ist unter anderem eine Antwort auf
eine gesellschaftliche Lage, in welcher sich unterschiedliche Krisen
abzeichnen. Überlieferte Autoritäten werden brüchig. Weder die
konfessionelle noch die ständische Gebundenheit vermögen die Ordnung aufrechtzuerhalten. Die sich rasant entwickelnden Wissenschaften, das wachsende Leistungsbewusstsein der Bürger, Erfindungen vielfältiger Technologien und eindrucksvolle industrielle
und ökonomische Fortschritte verlangen ein neues Selbstverständnis.
Gefordert ist ein gehorsamer Untertan, der sich durch die Steigerung
seiner eigenen Leistungsfähigkeit zu einem brauchbaren Mitglied
der Gesellschaft gestaltet. Medium pädagogischen Handelns wird
der Körper als Ort der Übung. Diese ist nicht länger christliche Askese zur Unterdrückung sinnlicher Verlockungen, sondern eine Art
Zeremonie, um effiziente Bewegungen zu produzieren, welche den
industriellen Prozess stützen und auf keinen Fall stören. Es handelt
sich um eine Art »nützliche Dressur«, bei welcher den Betroffenen
die Tugenden in den Leib geschrieben werden, so dass sie diese
schließlich für selbst gewählt halten.

   Ein Beispiel für den disziplinierten Leib, dessen Leistung in der
radikalen Unterwerfung als Beglückung erlebt wird, ist der berühmte
Fußkuss, wie er in Schnepfenthal praktiziert wurde. Dieses Philan-
thropin hatte den ersten deutschen Gymnastikplatz. Den eigenen Fuß
zu küssen, wenn man gleichzeitig mit dem anderen auf einem
Schwebebalken steht, erfordert äußerste Selbstbeherrschung ohne
erkennbaren langfristigen eigenen Gewinn. Der Fußkuss symboli-
siert den Disziplinierungsprozess, in dem Gefügigkeit und Nützlich-

keit aneinander geschmiedet werden. Er veranschaulicht, dass der menschliche Körper neu zergliedert und zusammengefügt wird. Der Körper selbst lernt, bis in die kleinsten Bewegungen gelehrig zu sein, ohne durch die Vernunft unterworfen zu werden. In der Übung soll der Leib seine eigene Tyrannei bekämpfen. »Es fragt sich nun«

Postkarte (Bild und Heimat – Reichenbach): Waltershausen-Schnepfenthal (Kreis Gotha): »Traditionsturner auf dem Schwebebalken (Fußkuß)«

– so Christian Gotthilf Salzmann in Schnepfenthal – »wo man die Vervollkommnung anfangen soll? Ich antworte: bei dem Körper.«[3]

Immer häufiger wird das Bild vom Menschen gebraucht, das ihn als »Rad in einer großen Maschine« begreift. Er muss sich in die Organisation einpassen, allerdings nicht übergenau, um funktionieren zu können. Er dient der Gesellschaft, indem er sich selbst als Einzelteil (Individuum) im Getriebe für tauglich hält.[4] Sinnbild für diese

---

3   Zitiert nach Thomas Nutz, *Strafanstalt als Besserungsmaschine. Reformdiskurs und Gefängniswissenschaft 1775-1848*, München 2001, 93.

4   Vgl. Peter Villaume, »Ob und in wie fern bei der Erziehung die Vollkommenheit des einzelnen Menschen seiner Brauchbarkeit aufzuopfern sey?«, in: Joachim Heinrich Campe, *Allgemeine Revision des gesammten Schul- und Erzie-*

Einstellung sind die damals berühmten Androiden, die Maschinen-
menschen, in denen sich Höhepunkt und Verfall der feudalen Gesellschaft ankündigen. Ihr Innenleben ist sichtbar und keinesfalls myste-
riös. Der stolze Konstrukteur gibt das Platinenwerk frei, so dass die
Funktionen durchschaut und beobachtet werden können. Es ist ein
kleiner Schritt zum Drill der Regimenter und zur Entwicklung von
»Besserungsmaschinen«

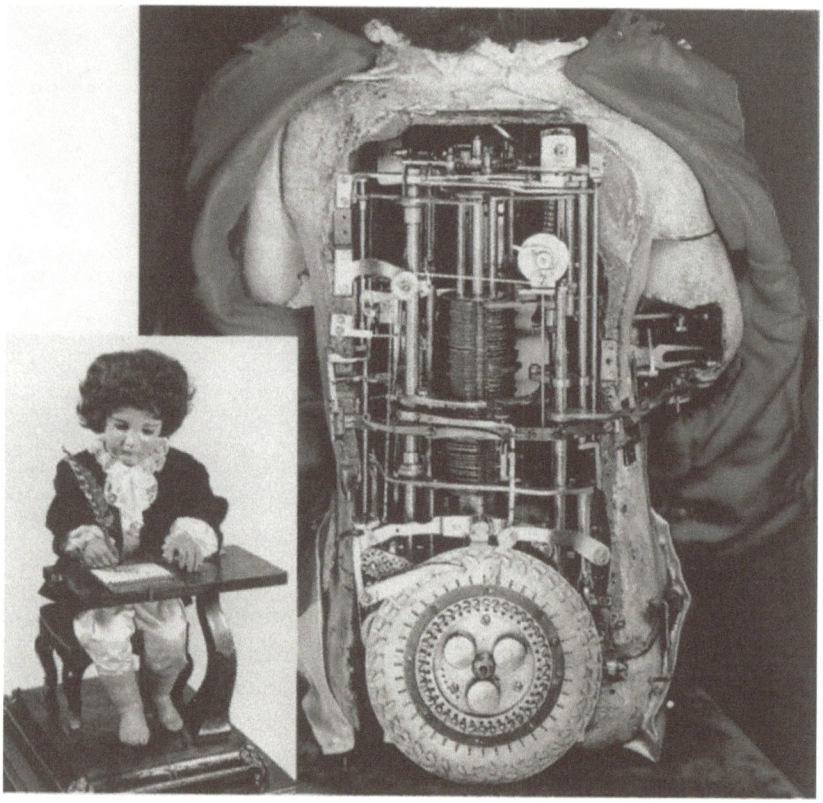

.»Der Schreiber, konstruiert von Pierre Jaquet-Droz (1774)«[5]

---

hungswesens von einer Gesellschaft praktischer Erzieher, 16 Bände, Hamburg
u.a. 1785-1792, 3. Bd., Hamburg 1785, 435-616, hier: 525 f.

5   Abbildung aus: Siegfried Richter, *Wunderbares Menschenwerk. Aus der Geschichte der mechanischen Automaten*, Leipzig 1989, 90 f.

Um ein störungsfreies Funktionieren zu garantieren, war Überwachung nötig, konnte man sich doch nicht von Anfang an auf die Disziplinierung verlassen. Diese Überwachung hatte nur ein Ziel: die Gewöhnung. Es ging nicht um Einsicht, sondern um eine Automatisierung der Verhaltensformen, welche ökonomisch effizient waren. So musste nicht unbedingt eingesehen werden, warum Aufmerksamkeit im Unterricht erforderlich ist. Die Schulbank selbst wurde zum Erziehungspartner. Dazu schreibt Ernst Christian Trapp: »Ich würde die Sitze wie Sänften einrichten, nur daß sie vorne keine Thür hätten. Ziemlich tief sollten diese Sänften sein, damit die davor stehenden Tische, die zu dem Ende ausgeschnitten sein müssten, wenigstens eine gute Handbreit in dieselben hineingehen könnten. Die Tische sollten, ausser an den Stellen, wo der Schüler sein Buch hinlege und schreibt, voll in die Höhe stehender eiserner Nadeln sein, damit alle Versuchung über die Tische zu steigen, oder sich darüber zu legen, um mit dem in der nächsten Loge sitzenden Nachbarn zu konversiren, wegfiele. [...] Die Nadeln werden mit grobem grünen Tuche, oder mit einem andern noch wohlfeilern Zeuge überzogen, um ihren Anblick den Schülern zu entziehen, und dadurch die Lust zu verhüten, mit den Nadeln einen Kampf anzufangen«.[6] Außerdem unterstützt die ausmalende Imagination den Schrecken und erhöht damit die Angst. Campe definiert in seinem *Wörterbuch der Deutschen Sprache* 1808 Gewohnheit als die »Fertigkeit, gewisse Empfindungen zu haben, etwas häufig zu wollen und zu thun, ohne sich der Gründe dazu deutlich bewußt zu sein.«[7] Wie weit ist Erziehung als Gewöhnung, als Übung des Körpers von Kants oft zitierter Aufforderung von 1784 entfernt: »Habe Mut, dich deines *eigenen* Verstandes zu bedienen!«[8] Wie nah rücken Erziehungs- und Besserungsanstalt: »Der Erzieher muß« – fordert Trapp – »wie die Stütze (ruteur) an einem Baum *unmittelbar* an seinem Zögling, und nicht

---

6 Ernst Christian Trapp, *Versuch einer Pädagogik. Unveränderter Nachdruck der 1. Ausgabe Berlin 1780. Mit Trapps hallischer Antrittsvorlesung »Von der Nothwendigkeit, Erziehen und Unterrichten als eine eigne Kunst zu studiren«. Halle 1779*, besorgt v. Ulrich Herrmann, Paderborn 1977, 167.

7 Joachim Heinrich Campe (Hg.), *Wörterbuch der Deutschen Sprache*, Zweiter Teil, Braunschweig 1808, 369.

8 Immanuel Kant, »Beantwortung der Frage: Was ist Aufklärung?«, A 481.

Vortrag über die schlimmen
Folgen des Alkoholismus im
Hörsaal des Gefängnisses von
Fresnes«[10]

zehn Schritte von ihm; und *beständig* an ihm, nicht heute da, und morgen wieder weg sein.«[9]

Wilhelm von Humboldt setzt wie andere Humanisten auf den Geist. Allerdings bewahrt er im Unterschied zu anderen eine Ahnung davon, dass der Geist eine sinnliche Erbschaft hat.[11] Wozu muss man ansonsten ausdrücklich vom »reinen Geist« sprechen, wenn man seine Unsinnlichkeit hervorheben möchte? Dennoch bleibt der Leib gleichsam ein Fluch des Geistes. Nur in Fragen der ästhetischen Erziehung oder Bildung wird er berücksichtigt. Vor allem an Friedrich Schiller ist hier zu erinnern, der genau wusste, dass Wahrheit nicht für sich selbst spricht, sondern geliebt werden muss. Man muss auf den Geschmack an der Vernunft kommen, damit die Vernunft mit ihrem Parlament der Sinnlichkeit herrschen kann.

2.2 Aspekte der Reformpädagogik

Man macht es sich bestimmt zu leicht, wenn man den Philanthropinismus nur als »schwarze Pädagogik« tadelt. Allerdings fungiert der Leib hier vor allem als Medium der Brechung des Willens. Eine Lei-

---

9   E.C. Trapp, *Versuch einer Pädagogik*, 118.

10   Abbildung aus: Michel Foucault, *Überwachen und Strafen. Die Geburt des Gefängnisses*, übers. v. Walter Seitter, Frankfurt/M. 1977, Abbildung 28.

11   Vgl. Wilhelm von Humboldt, »Über den Geist der Menschheit« [1779], in: ders., *Werke in fünf Bänden*, hg. v. Andreas Flitner u. Klaus Giel, Darmstadt ³1980, 506-518, insbes. die »Schluss-Anmerkung«, 515 ff.

denschaft wird durch die andere bekämpft. Empfindungen, Neigungen und Gewohnheiten gehen einen schwer durchschaubaren Pakt ein.

In reformpädagogischen Bewegungen tritt ein Leib in den Vordergrund, der nur auf den ersten Blick die Verherrlichung ursprünglicher Natur und uneingeschränkte Lebensbejahung meint; denn unter dem Begriff »Natur« verknüpfen sich sehr unterschiedliche Strömungen. Nicht zu Unrecht wurde das Lichtgebet von Fidus-Höppner in unterschiedlichen Versionen zur Ikone einer Lebensreformbewegung, die bis heute in ihren Komplikationen kaum ausgelotet worden ist.

Auf diesem Bild vermischen, verweben, verwickeln sich verschiedene Richtungen. Ein nackter Leib – muskulös, männlich, aber auch androgyn – bietet uns in einer Orantengestik seine Rückseite. Die Betgestik ist gegen das Licht gestreckt. Die Füße federn auf einer steinigen Klippe, um das Ragen in die Höhe zu unterstreichen. Der Himmel ist bewölkt, er ist belebt. Die Sonne

Hugo Höppner (Fidus), *Lichtgebet* (1913), Postkarte zum Freideutschen Jugendtag 1913

wirft mit dem nackten Körper einen Schatten, der auf dem Stein ein Kreuz bildet. Im Medium des Leibes wird Natur angebetet.[12] Diese Natur ist allerdings längst keine unheimliche und geheimnisvolle Macht mehr, der man opfert, um sie sich gewogen zu machen. Das Schattenkreuz stammt von einem Leib, welcher eugenisch konzipiert

---

12 Vgl. Meike Baader, »Heilige Körper im deutschen Jugendstil: Fidus' Lichtgebet«, in: Johannes Bilstein u. Matthias Winzen (Hg.), *Big Nothing. Die jenseitigen Ebenbilder des Menschen,* Köln 2001, 171-188.

ist: ein Leib, der nach den Geboten der Naturforscher erschaffen
wurde, wie es Ellen Key verlangt.[13]

Sein wenig jüngerer Bruder ist deshalb der berühmte *Gläserne
Mensch* aus Dresden. Vier Jahre vor der *Gläsernen Frau* entsteht

Gläserner Mann (um 1930)[14]

1930 der erste gläserne Mann.
Man blickt durch eine Plastik-
hülle auf Organe und Knochen.
Der Röntgenblick durch die Haut
negiert diese als Grenze, ohne alles in eins fließen zu lassen. Es
bildet sich eine autonome Sphäre
des Übergangs, die den Menschen in der Täuschung befangen
hält, alles zu verstehen, indem er
es im wahrsten Sinne des Wortes
durchschaut. Die Pathosformel
des Orantengestus kündet eine
Verklärung an, welche die Ohnmacht der Aufklärung einläutet.
Der saubere Gesunde wird zur
Ikone, zu einem gut kontrollier-
baren Funktionsglied einer Ter-
rormaschine, die jede Abwei-
chung vernichtet.[15]

Nudistenbewegung, Freikörperkultur und Eugenik verlaufen nicht
einfach parallel. Sie verflechten sich und normalisieren ein Körper-
konzept, welches zu einem kaum durchschaubaren Medium eines
verhängnisvollen Antiintellektualismus wird.

---

13 Vgl. Ellen Key, *Das Jahrhundert des Kindes. Studien*, übers. v. Francis Maro,
    neu hg. u. mit einem Nachwort versehen v. Ulrich Herrmann, Weinheim, Basel
    1992 [Berlin 1902], bes. 11-46.

14 Abbildung aus: Rosmarie Beier u. Martin Roth (Hg.), *Der gläserne Mensch –
    eine Sensation. Zur Kulturgeschichte eines Ausstellungsobjekts*, Stuttgart 1990,
    Titelblatt.

15 Vgl. Käte Meyer-Drawe, *Menschen im Spiegel ihrer Maschinen*, München
    1996, 117 ff.

2.3 Aspekte nationalsozialistischer Erziehungsprogrammatik

Alfred Baeumler nimmt wie häufig eine geschätzte Tradition auf und gibt ihr eine systemtreue Bedeutung. Herbart habe mit dem Konzept der Bildsamkeit zwar Wichtiges gesehen, es aber falsch verstanden. Für Baeumler ist es ausgeschlossen, dass alle an Bildung teilhaben können. Für ihn zählt nicht etwa die individuelle Vollkommenheit, sondern die rassische Tüchtigkeit, die er als Charakter bezeichnet und zum einzigen Gegenstand von Bildung macht.[16]

Fahnenappell der »Arbeitsmaiden«[17]

Herman Nohl schwärmt vom Fahnenappell: »Wenn jetzt in der Morgenfrühe der Kreis junger Menschen um den Fahnenmast steht und mit dem Lied das Hissen der Fahne begrüßt, spürt jeder den Schauer metaphysischer Wirklichkeit der Volksgemeinschaft und erfährt die formende Gewalt, die nur das Symbol besitzt«.[18] Im

---

16 Vgl. Alfred Baeumler, *Bildung und Gemeinschaft*, Berlin 1942, 81 ff.

17 Abbildung aus: Gisela Müller-Kipp, »Schmuck und ordentlich und immer ein Lied auf den Lippen. Ästhetische Formen und mentales Milieu im Reichsarbeitsdienst für die weibliche Jugend (RADwJ)«, in: *31. Beiheft der Zeitschrift für Pädagogik. Formative Ästhetik und Nationalsozialismus. Intentionen, Medien und Praxisformen totalitärer ästhetischer Herrschaft und Beherrschung.* Weinheim, Basel 1993, 139-161, hier: 149.

18 Zitiert nach Hasko Zimmer, »Von der Volksbildung zur Rassenhygiene: Herman Nohl«, in: Tobias Rülcker u. Jürgen Oelkers (Hg.), *Politische Reformpädagogik*, Bern 1998, 515-540, hier: 537.

Nationalsozialismus wird der Leib zum zentralen Medium der Selbsterhaltung des Volkes. Ihm werden die Parolen eingeschrieben im Marschieren, im Singen, selbst in aufbrausender Begeisterung. Jede Selbstbeherrschung ist Beherrschung in fremdem Interesse. Leitende pädagogische Konzepte werden umgeschrieben: Charakter wird zu Rasse. Rassenreinheit verbietet jedes individuelle Interesse. Hitler fasst zusammen: »Nicht der Geist drängt zum Kriege, sondern der Körper.«[19] Es geht nicht mehr um das Rädchen in der Maschine, das nur ungefähr passen muss und soll. Nun handelt es sich darum, dass der Einzelne im Volk verschwindet, ein Volkskörper soll entstehen: präzis, gesund, hart.

»Massengymnastik der Berliner Jugend, gesehen von der Aussichtsplattform des Glockenturmes des Berliner Olympia-Feldes«[20]

Von dieser Korruption hat sich das Leibkonzept im pädagogischen Diskurs nicht erholen können. Mit ihm bleibt der Verdacht des Antiintellektualismus verbunden. Die Verherrlichung des tüchtigen, gepanzerten und fruchtbaren Leibes als Garantie der Gattung hat Spuren hinterlassen. Diese Zeichen sollten nicht bagatellisiert werden, zumal dieses Gespenst des Antiintellektualismus immer noch herumgeistert. Die unablässige Beschwörung des so genannten ganzen Menschen, ohne zu

19 Zitiert nach Wolfgang Fritz Haug, »Ästhetik der Normalität/Vor-Stellung und Vorbild. Die Faschisierung des männlichen Aktes bei Arno Breker«, in: Gesellschaft für Bildende Kunst (Hg.), *Inszenierung der Macht. Ästhetische Faszination im Faschismus,* Berlin 1987, 79-103, hier: 85.
20 Abbildung aus: Thomas Alkemeyer u. Alfred Richartz, »Inszenierte Körperträume. Reartikulationen von Herrschaft und Selbstbeherrschung in Körperbildern des Faschismus«, in: *31. Beiheft der Zeitschrift für Pädagogik,* a.a.O., 77-90, hier: 84.

sagen, was genau damit gemeint ist, und die ungebrochene Unbe-
fangenheit, sich der reformpädagogischen Rhetorik zu bedienen,
machen deutlich, dass eine gründliche Analyse des Geflechts von
prahlerischer Jugend- und Naturverehrung, von »revolutionärem
Elan und bösartigem Obskurantismus«,[21] von völkisch-nationalen
und individualistischen, von kulturpessimistischen sowie technolo-
giefeindlichen und eugenischen Weltanschauungen eine chronische
Herausforderung an pädagogisches Denken bedeutet.

3. Aktuelles

In der Gegenwart macht der Leib, streng genommen der Körper, vor
allem als biologische Substanz von sich reden. Die Frage danach, ob
es ein Eigentum am menschlichen Körper geben kann,[22] wird drän-
gend. Menschliche Körpersubstanzen geraten als verkehrsfähige
Stoffe ins Visier. Unser Körper könnte grundsätzlich wie Geld zirku-
lieren. Das wirft nicht nur ethische Probleme der Art auf wie: Welche Forschungen sind erlaubt, welche nicht? Das Verständnis unseres Leibes selbst bleibt nicht unberührt. Er ist längst nicht mehr nur
unser Schicksal. Wir verjüngen ihn. Wir verändern ihn. Auch wenn
die Schlagzeilen in der Presse stets mehr behaupten als möglich ist,
der Körper wird in seinen Funktionen immer mehr durchschaut.
Seine Generalität drängt dabei in den Vordergrund. Es zählt nicht
die Lebensgeschichte der Falten, sondern das bei allen schräg ge-
straffte Lid. Piercing könnte in dieser Perspektive ein Mittel der Individualisierung am Rande der Resignation sein.

Mit der fortgesetzten Entzifferung des genetischen Grundtextes
wachsen auch die Möglichkeiten, der Zukunft des werdenden Leibes
vorzugreifen, ihn zuzuschneiden, ohne ihn einfach hinnehmen zu
müssen. Einen natürlichen Körper hat es indes noch nie gegeben.

---

21 Vgl. Klaus Mann, *Der Wendepunkt. Ein Lebensbericht,* München 1989, 114.
22 Vgl. Petra Gehring, »Kann es ein Eigentum am menschlichen Körper geben? –
    Zur Ideengeschichte des Leibes vor aktuellem biopolitischem Hintergrund«, in:
    Volker Schürmann (Hg.), *Menschliche Körper in Bewegung. Philosophische
    Modelle und Konzepte der Sportwissenschaft,* Frankfurt/M., New York 2001,
    41-64.

Stets fungierte er als Portrait gesellschaftlicher Vorstellungen und
Utopien sowie als kollektives Gedächtnis. Davon zeugen Skulpturen,
Bilder und Erzählungen, darüber kann uns die Geschichte der Anato-
mie belehren. Dennoch geschieht derzeit etwas Neues. Der Körper
wird immer mehr zum Projekt, zum Produkt, das von Menschenhand
hergestellt werden kann. Mit dem Eingriff in das genetische Programm ihres Kindes haben Eltern Entscheidungen getroffen und
wirksam werden lassen, ohne ihrem Kind eine »revidierende Stel-
lungnahme« einzuräumen.[23] Schon jetzt wird darüber spekuliert,
welche Manipulationen am Körper Erziehen und ähnliche pädagogische Praktiken überflüssig werden lassen. Vielleicht gründet hier die
unkritische Begeisterung für verballhornte Ergebnisse aus der Hirn-
forschung.[24]

   »Der Geist« – so formuliert Paul Valéry – »ist ein Moment der
Antwort des Körpers auf die Welt.«[25] Damit stellt er klar, dass der
Geist nicht Widersacher des Leibes ist, auch nicht sein Häftling,
sondern dass unser Geist zum Leib hinzugehört, eine seiner Facetten
ausmacht, und zwar nicht nur mit Wohnsitz im Gehirn. Mein Leib
bezeugt, dass »es mit mir beginnt, bevor ich beginne«.[26] Daraus er-
wachsen nicht unerhebliche systematische Schwierigkeiten. Wie
über den Leib reden, ohne ihn bloß in Worte zu verwandeln? In unserer westlichen Tradition ist in Vergessenheit geraten, dass der
Theoretiker kein unbeteiligter Zuschauer, sondern selbst in soziale

---

23 Vgl. Jürgen Habermas, *Die Zukunft der menschlichen Natur. Auf dem Weg zu
    einer liberalen Eugenik?*, Frankfurt/M. 2001, 90.

24 Vgl. Käte Meyer-Drawe, »Anfänge des Lernens«, in: *49. Beiheft der Zeitschrift
    für Pädagogik. Erziehung – Bildung – Negativität. Theoretische Annäherun-
    gen. Analysen zum Verhältnis von Macht und Negativität. Exemplarische Stu-
    dien*, Weinheim, Basel 2005, 24-37, hier: 26 f. Vgl. auch Nicole Becker, »Von
    der Schädellehre zu den modernen Neurowissenschaften. Ansichten über den
    Einfluss von Erziehung und Gehirnentwicklung«, in: Sektion Historische Bil-
    dungsforschung der Deutschen Gesellschaft für Erziehungswissenschaft (Hg.),
    Jahrbuch für Historische Bildungsforschung, Bd. 10, Bad Heilbrunn/Obb.
    2004, 133-160.

25 Paul Valéry, *Cahiers/Hefte*, auf der Grundlage der von Judith Robinson bes.
    franz. Ausg., hg. v. Hartmut Köhler u. Jürgen Schmidt-Radefeldt, Bd. 3., übers.
    v. Hartmut Köhler u.a., Frankfurt/M. 1989 [Paris 1973/74], 312.

26 Bernhard Waldenfels, *Deutsch-Französische Gedankengänge*, Frankfurt/M.
    1995, 119.

und epistemologische Zusammenhänge verstrickt ist. Die Unterstellung reinen Denkens profitiert davon, dass sich der Leib vergessen macht, wenn er uns in unserer Welt verankert, unser Zusammenspiel mit ihr organisiert, unsere Gewohnheiten und Vorlieben prägt. Auch jetzt, wenn wir gemeinsam versuchen, über Bildung und Leiblichkeit zu reflektieren, verlieren wir ihn zu einem großen Teil, weil wir ihn als agierenden ersetzen durch einen gedachten, also begrifflich erfassten. Dieses Problem ist unvermeidlich. Über den Leib zu sprechen bleibt dennoch eine der vielen *Varianten, einen Leib zu leben.* Hier findet sich die Verknüpfung von Theorie und Praxis.

Unser Leib waltet als ein »schweigendes Wissen«, auf das wir uns meistens verlassen können. Gerade dann, wenn es scheitert, macht es sich als solches bemerkbar. Dieses implizite Wissen ist wie jedes andere Wissen durchsetzt von Vorurteilen. Das zeigt sich nicht nur in interkulturellen Konflikten, sondern vielfältig im Alltag. Ein hektischer Leib drückt den Wunsch nach Eile aus, auch wenn sich der klare Verstand bei dessen Maßnahmen nur wundern kann. Jener hat sich daran gewöhnt, dass es gut ist, der Erste zu sein, sei es beim Einsteigen in den Bus, in die Straßenbahn oder in den Fahrstuhl. Sein Agieren vor jedem vernünftigen Urteil hat ihn schon früh in die Nähe von Automaten und Maschinen gerückt. So wie diese die Pläne ihrer Konstrukteure vollstrecken, funktioniert der Leib im Sinne der Maximen sozialer und kultureller Ordnungen. So hat er die Leistungsorientierungen moderner Gesellschaften inkorporiert – zum Guten und zum Schlechten. Er ist zivilisiert (Norbert Elias) und diszipliniert (Michel Foucault). Er ist aber auch überbordend, gewaltsam gegen Andere und sich selbst. Narben und Falten protokollieren das Einzelschicksal. Gebräuche, Moden und kulturelle Praktiken überhaupt porträtieren gesellschaftliche Lebensstile. In soziologischer Perspektive verweist Pierre Bourdieu auf die »List der pädagogischen Vernunft«, die dafür sorgt, dass sich dem Leib Haltungen einprägen, die herrschende Ordnungen tragen. In Spielen und in Einübungen sozial spezifischer Etiketten werden gesellschaftliche Strukturen einverleibt und bleiben weitgehend geschützt vor reflektierender Kritik. Der Habitus der Einzelnen sorgt dafür, dass sich soziale Hierarchien und kulturelle Eigentümlichkeiten trotz reformerischer Bemühungen hartnäckig halten, weil er bestimmt, welches Verhalten den Einzelnen *unmöglich* ist. Die inkorporierte Dynamik sozialen Zusammenlebens wird als gesellschaftliches Gedächtnis zur »zweiten Natur«. Durch das »schweigende Wissen« werden wir in unsere Gesellschaft, ihre Traditionen und Gebräuche eingefädelt. Wir lernen, das »schöne Händchen« zu geben. Wir gewöhnen uns gleichzeitig daran, nicht zu fragen, warum das rechte schöner als das linke sei. Irgendwie scheint rechts besser zu sein als links – nicht nur beim Händeschütteln. Wir streicheln als Erwachsene gerne im Vorübergehen über den Kopf von Kleinkindern. Damit drücken wir unsere Anrührung und Zärtlichkeit aus. Damit bekräftigen wir aber auch einen Rangunterschied von oben und unten. Unbemerkt wiederholen wir gleichzeitig eine uralte Geste der Absolution und Eingemeindung (in die Kirche). Unsere habituelle Leiblichkeit trägt unsere aktuelle. Wir hantieren stets im Rahmen eines Leibes, der lernt und gelernt hat, zugehörig ist oder nicht, und: »Was der Leib gelernt hat, das besitzt man nicht wie ein wiederbetrachtbares Wissen, sondern das ist man.«[27] Das schweigende Wissen des Leibes verankert uns in einem sozialen Milieu, dessen Stile wir übernehmen. Es ermöglicht unsere Existenz in allen ihren Facetten. Es erlaubt unsere praktische Souveränität, weil wir etwas nicht *anders* gewöhnt sind, es legt uns aber auch Fußfesseln an, weil wir es nicht anders *gewöhnt* sind und da es nur dann Aufmerksamkeit auf sich zieht, wenn es in seiner Zuverlässigkeit gestört ist. Diese Störung kann Aufgabe von Bildung sein, welche nicht einfach die Sozialisation nachvollzieht, sondern sich ins Verhältnis setzt zur eigenen Lebensweise und Lebensgeschichte. Bildung meint Selbstverhältnis, aber vielleicht nicht in erster Linie das eines sich selbst erkennenden Subjekts, sondern das eines Wesens, das sich um sich selbst sorgt, um sich kümmert. Die Welt, die Anderen und auch es selbst stehen dem Selbst nicht einfach gegenüber und liegen ihm auch nicht zu Füßen. Es ist mit allem verwickelt, allem ausgesetzt, ja mitunter ausgeliefert.

Beunruhigend wird dann die Frage, was es für ein Wesen, das ein Leib ist und das einen Leib hat, das also keine Informationsmaschine ist, bedeutet, denken zu können. Dabei ist der Leib nicht lediglich das Medium, das zwischen einem geistigen Ich und seiner

---

27 Pierre Bourdieu, *Sozialer Sinn. Kritik der theoretischen Vernunft*, übers. v. Günter Seib, Frankfurt/M. 1987 [Paris 1980], 135.

materiellen Welt vermittelt. Der Leib ist unser Element. Aus dieser Sicht wird deutlich, dass nicht einfach Vernunft und Leib im Kampf ums Privileg im Bildungsprozess den Thron wechseln, sondern dass die Rehabilitierung unserer Sinnlichkeit eine *Revision des Vernunftbegriffs* zur Folge haben muss. In »Vernunft« steckt wie in »Wahrnehmen« und »Vernehmen« ein Nehmen, das angewiesen bleibt auf das, was ihm gegeben ist, und was nicht reine Frucht seiner Stiftungsleistungen ist. Eine Bildung wie die hier anvisierte ist das Gegenteil des geschlossenen Operierens eines selbstgenügsamen autopoietischen Systems. Sie lässt sich auch nicht durch andere Modelle emergenter Ereignisse erklären. Schließlich bedeutet Bildung in dieser Perspektive auch nicht Identitätsfindung, sondern sie meint die Gestaltung einer unausweichlichen Fremdheit, welche eine vollkommene Vertrautheit des Selbst mit sich unmöglich macht. Bildung und Leiblichkeit stehen deshalb für eine spannungsreiche Lebensführung, welche die Balance finden muss zwischen der Barbarei, in welcher die Grundsätze die Sinnlichkeit tyrannisieren, und der Wildheit, in welcher die Sinnlichkeit die Vernunft knechtet.[28]

---

28 Vgl. Friedrich Schiller, *Über die ästhetische Erziehung des Menschen in einer Reihe von Briefen. Mit den Augustenburger Briefen*, hg. v. Klaus L. Berghahn, Stuttgart 2000, 17.

Klaus Blesenkemper

Philosophieren über Gefühle – bildungstheoretische und schulpraktische Anregungen[1]

1. Vernunft und Gefühl als Gegensätze?

Philosophie begreifen wir in der Regel als eine auf Vernunft basierende und der diskursiven Verständigung verpflichtete Wissenschaft. Vernünftig will diese Wissenschaft in dreifacher Weise sein: Sie richtet sich auf Vernünftiges und tut dies mit Mitteln der Vernunft. Vor allem aber geht es dieser Wissenschaft letztlich um die *Herrschaft* der Vernunft. Dabei spielt es keine entscheidende Rolle, ob

---

1 Einzelne Aspekte werden ausführlicher entfaltet in: Klaus Blesenkemper, »Gefühle geben zu denken. Zur Philosophie der Affekte am Beispiel der Scham«, in: *Zeitschrift für Didaktik der Philosophie und Ethik* 20:4 (1998), (»Praktische Philosophie«), 254-265; ferner: ders., »Neosokratisches Denkerlebnis: ›Schadenfreude‹«, in: *Ethik & Unterricht,* Heft 3, 2001, (»Praktische Philosophie«), 41-44; ders. »Aristoteles: Neid und Schadenfreude – verwandte Gegensätze«, in: *Zeitschrift für Didaktik der Philosophie und Ethik* 25:3 (2003), (»Aristoteles«), 337-347; ders., »Beispiel ›Schadenfreude‹ – Neuntklässler reflektieren Werte in einem neosokratischen Gespräch«, in: Volker Steenblock (Hg.), *Philosophierkurse,* Münster 2004 (Münsteraner Einführungen – Münsteraner philosophische Arbeitsbücher, 3), 127-140; ders., »Gefühl und Verstand – Denken wir aus dem Bauch heraus?«, in: Michael Fröhlich, Heiner Hastedt, Christa Runtenberg u. Christan Thies (Hg.), *Anthropologie,* Hannover 2004, 25-43 (Praxishandbücher Philosophie/Ethik, hg. v. Heiner Hastedt, Ekkehard Martens, Johannes Rohbeck u. Volker Steenblock, 4); ders. »Schadenfreude – zur Phänomenologie eines fragwürdigen Affektes«. in: Claus Bussmann u. Friedrich A. Uehlein (Hg.), *Wendepunkte – Interdisziplinäre Arbeiten zur Kulturgeschichte,* Würzburg 2004, 9-38.

damit im Sinne Platons eine königliche Herrschaft der Vernünftigen gemeint ist oder im Sinne Kants, der Platons Überlegungen zurückweist, eine Herrschaft, in der allein Vernunft Gewalt hat.[2]

Das, was wir im weitesten Sinne unter Gefühlen verstehen, scheint nun für die Vernunft ein Bereich zu sein, den diese als exterritorial betrachtet. Gefühle gehören zu dem, was die Brüder Böhme zum »Anderen der Vernunft« zählen: »Das Andere der Vernunft: von der Vernunft her gesehen ist es das Irrationale, ontologisch das Irreale, moralisch das Unschickliche, logisch das Alogische. Das Andere der Vernunft, das ist inhaltlich die Natur, der menschliche Leib, die Phantasie, das Begehren, die Gefühle«.[3] Dem möglichen Einwand, dass es doch zum Beispiel eine Philosophie der Natur gibt, entgegnen die beiden Böhme mit der Präzisierung: Das inhaltlich Andere sei das Genannte, »insoweit es sich die Vernunft nicht hat aneignen können. Denn zugelassen und vernünftig ist die Natur als gesetzmäßiger Zusammenhang der Erscheinungen, der menschliche Leib als anatomisch durchsichtiges Körperding [...], die Gefühle, soweit sie den sittlichen Normen konform sind«[4] usw. Die souveräne Aneignung zum Beispiel der Gefühle durch die Vernunft bewerten nun aber die Brüder Böhme als ein typisches Beispiel für den fatalen Totalitätsanspruch der Vernunft, wie sie sich seit der Aufklärung durchgesetzt habe. Mit dieser Verurteilung beziehen sich die Böhmes ausdrücklich auf die radikale Aufklärungskritik der »Dialektik der Aufklärung« von Adorno und Horkheimer.

Es ist hier nicht der Ort, diese Aufklärungs- bzw. Vernunftkritik im Einzelnen zu würdigen; die Warnung mag uns hier lediglich als Mahnung dienen. Es könnte zumindest die *Gefahr* drohen, dass sich das Vernunftsubjekt selbst zu zerstören droht, wenn es glaubt, in dem, was es ist, sich nichts und niemandem als sich selbst zu verdanken. Das Andere der Vernunft, insbesondere Leiblichkeit und Gefühle, sollten wir hier zumindest versuchsweise weder als das Abzudrängende und Auszugrenzende noch als das zu Kolonisierende

---

2 Vgl. Immanuel Kant, *Kritik der Urtheilskraft, Akademie-Ausgabe*, Berlin 1902 ff., Bd. V, § 83, 433 u. ders. *Zum ewigen Frieden*, ebd., Bd. VIII, 2. Abschnitt, 2. Zusatz, 369.

3 Hartmut u. Gernot Böhme, *Das Andere der Vernunft*, Frankfurt/M. 1985, 13.

4 Ebd.

begreifen; das Andere wird vielmehr *mindestens* als das Gegenüber, als der Partner der Vernunft anerkannt, anerkannt freilich von – der Vernunft. *Mindestens*, weil noch eine andere Konstellation denkbar ist: Vielleicht stellt sich im Prozess der Selbstvergewisserung der Vernunft heraus, dass das, was die Vernunft zunächst als das Andere der Vernunft begreift, in Wahrheit das Andere *an* der Vernunft oder gar *in* der Vernunft ist. Noch ein Schritt weiter wäre die These von einer Identität im Sinne einer Zwei-Aspekte-Theorie. Vernunft und Gefühl wären zwei Seiten einer Medaille. Vernunft wäre immer auch emotional und Emotionen vernünftig. Das wäre dann – im Vergleich zum landläufigen Verständnis – eine ganz andere Vernunft.

2. Versuch einer Begriffsklärung: Gefühle & Co.

Ehe der Bildungsgehalt einer Philosophie der Gefühle beurteilt werden kann, müssen wir uns zunächst darüber verständigen, was wir denn eigentlich meinen, wenn wir von »Gefühl« reden. Auf den ersten Blick zeigt sich ein heilloses Durcheinander: Man spricht – ich sortiere nach dem Alphabet – von Affekten, Befindlichkeiten, Emotionen, Empfindungen, Gefühlen, Leidenschaften, Stimmungen. Hinzu kommt das Problem der internationalen Verständigung. Zwei Beispiele: Die Griechen sprachen von *páthe*, wir übersetzen das Wort meist mit »Affekte«. Aber der griechische Begriff ist einerseits enger gefasst als bei uns, weil er nur die negativen Affekte meint, nicht die Wohlaffekte, die *eupátheiai*.[5] Andererseits ist er weiter gefasst, insofern auch Lust und Schmerz Affekte seien, was wir so nicht sagen würden. Und im Englischen? *Descartes' Irrtum*[6] und *Ich fühle*

---

5   Vgl. Maximilian Forschner, *Die stoische Ethik*, Darmstadt [2]1995, 139 f.; ferner: Christoph Halbig, »Die stoische Affektenlehre«, in: Barbara Guckes, *Zur Ethik der älteren Stoa*, Göttingen 2004, 30-68, 31.

6   Antonio R. Damasio, *Descartes' Irrtum. Fühlen, Denken und das menschliche Gehirn*, übers. v. Hainer Kober, München, Leipzig [2]1996 (i.O. *Descartes' Error. Emotion, Reason and the Human Brain*, 1994).

also bin ich[7] heißen zwei wichtige Bücher des Hirnforschers Damasio auf Deutsch. Im ersten wird »emotion« mit »Gefühl« übersetzt und »feeling« mit »Empfindung« und im zweiten »emotion« mit »Emotion« und »feeling« mit »Gefühl«.[8]

2.1 Gefühle und Grundgefühle

Als ›*Gefühle*‹ werde ich im Folgenden jene mentalen Zustände bezeichnen, für die wir Namen haben wie Angst, Freude, Scham, Wut, Neid usw.[9] Dass wir sie benennen können, zeigt, dass wir uns ihrer bewusst sind. Wir spüren bewusst die Wut, den Hass, nehmen unter Umständen auch den körperlichen Ausdruck bewusst wahr, etwa die Schamröte, das Herzklopfen, den kalten Schweiß, die unwillkürlich geballte Faust usw. Die Benennbarkeit gründet sich aber nicht nur auf das leibliche Spüren. Gefühle der genannten Art sind auch deshalb bewusst, weil ihnen ein kognitives Moment eignet. Sie beziehen sich auf ein sinnlich zu erfassendes und zu bedenkendes Objekt. In Gefühlen sind wir ausgerichtet auf ein Etwas: Die Wut im Bauch ist eine Wut *über etwas* oder häufiger noch: *auf jemanden*. Die genannten Gefühle lassen sich mit Präpositionen verbinden: Wut auf, Hass auf, Sehnsucht nach, Scham über usw. Die Möglichkeit, die genannten Gefühlsnomen mit *Präp*ositionen verbinden zu können, signalisiert ihrer *Prop*ositionalität.[10]

In dieser Gerichtetheit nach außen unterscheiden sich Gefühle von *Empfindungen*. Das Begriffswort »Empfindung« soll reserviert sein für jene mentalen Zustände, deren Ursprung leiblich ist. Hunger, Durst, Wollust, Schmerz zählen dazu. Empfindungen haben unmittelbar kein kognitiv erfassbares Objekt. Der Hunger drängt sich

---

7 Antonio R. Damasio, *Ich fühle, also bin ich. Die Entschlüsselung des Bewusstseins*, übers. v. Hainer Kober, München ²2000 (i.O. *The Feeling of What Happens, Body and Emotion in the Making of Consciousness*, 1999).

8 Vgl. ebd., 12.

9 Eine gänzlich andere Einteilung schlägt Hastedt vor und begreift auch ›Wünsche‹ und ›sinnliche Wahrnehmungen‹ unter den Oberbegriff ›Gefühl‹. Heiner Hastedt, *Gefühle, Philosophische Bemerkungen*, Stuttgart 2005, 12 ff.

10 Zur Intentionalität und Propositionalität von Affekten vgl. Hinrich Fink-Eitel u. Georg Lohmann (Hg.), *Zur Philosophie der Gefühle*, Frankfurt/M. ²1994, 11

mir aus mir selbst unmittelbar auf und kann dann im nächsten Schritt auch gespürt werden als Hunger auf – beispielsweise – Schokolade. Noch deutlicher ist die kognitive Objektlosigkeit, die Nicht-Gerichtetheit bei der Schmerzempfindung auszumachen. Wie bei jedem Gefühl fühle ich auch im Schmerz etwas, das mich unmittelbar angeht. Er mag äußerlich verursacht sein, durch eine Verletzung, aber er ist als solcher auf einen äußeren Reiz nicht angewiesen. Kognitive Leistungen sind für die Schmerzempfindung selbst zunächst nicht konstitutiv. Erst in einem zweiten Schritt kann der Umgang mit dem Schmerz (»Ich weiß ja, dass Muskelkater vergeht.«) rational bearbeitet, auch gemindert werden.

Im Bereich der Gefühle wird seit Darwin unterschieden zwischen einer kleinen Gruppe von Primär- und einer Vielzahl von Sekundärgefühlen. Unter Primär-, Grund- oder Elementargefühlen werden solche verstanden, die uns in ihrer Anlage angeboren und mit einem Kultur übergreifenden Ausdrucksverhalten verbunden sind. Primärgefühle haben evolutionär betrachtet die Funktion, das Überleben zu ermöglichen. Meist nennt man sechs: Ärger/Wut, Furcht/Angst, Überraschung/Interesse, Trauer, Freude und Ekel.[11] Die Fähigkeit zur Furcht ermöglicht eine angemessene Reaktion auf Gefahren; Ekel kann mich unter Umständen vor den Gefahren verdorbener Nahrung bewahren usw.

Dass die Dispositionen zur Ausbildung dieser Gefühle angeboren sind, heißt nicht, dass sie nicht kulturell überformt oder gar deformiert sein können. Bei der Tsunami-Katastrophe Ende 2004 haben sich viele Touristen vor der herannahenden Welle nicht gefürchtet, sondern sind fasziniert stehen geblieben. Mitglieder indigener Völker der Gegend verfügten offenbar über tradiertes Wissen, das

---

11 Vgl. Luc Ciompi, *Die emotionalen Grundlagen des Denkens, Entwurf einer fraktalen Affektlogik*, Göttingen 1997, 78 ff.; Gerhard Roth, *Fühlen, Denken, Handeln. Wie das Gehirn unser Verhalten steuert*, Frankfurt/M. 2001, 264 ff. Auf das Grundgefühl Überraschung sei hier ein Seitenblick geworfen: Aristoteles bemerkt in seiner *Topik* (IV, 5 = 126 b), dass Überraschung (ἔκπλεξις) eine gesteigerte Form der Verwunderung (θαυμασιότης) sei. Und wenn wir uns darauf besinnen, dass im Staunen (θαυμάζειν) der Anfang allen Philosophierens liegt, dann dürfen wir vielleicht auch sagen, die Liebe zur Weisheit gründe in einem Grundgefühl.

sie bei entsprechenden Zeichen zu fürchten lehrte. Sie waren recht-
zeitig auf höheres Gelände geflohen.

Nicht-primäre Gefühle sind solche, in denen sich zum einen elementare Gefühle mischen und deren Ausprägung mehr oder weniger
stark kulturabhängig ist. Solche Gefühle sind dem Menschen vorbehalten. Dazu gehören Stolz und Dankbarkeit und die im weiteren
Verlauf näher zu erläuternden Gefühle Scham, Neid und Schadenfreude.

2.2 Affekte

Von ›*Affekten*‹ möchte ich dann sprechen, wenn es sich um Gefühle
besonderer Intensität handelt. Mit dieser Zuordnung greife ich allgemein akzeptierten juristischen Sprachgebrauch auf: »Eine Straftat ist
im Affekt begangen, wenn sie durch Gemütsbewegung veranlasst
[…] ist, insbes. bei hochgradiger Erregung.«[12] Affekte sind somit
eine Teilmenge von Gefühlen.

2.3 Emotionen

Bei der Verwendung des Wortes ›*Emotion*‹ gibt es zwei Möglichkeiten. Rein umgangssprachlich werden die Ausdrücke ›Gefühl‹ und
›Emotion‹ in der Regel synonym gebraucht. Wenn man aber die
Möglichkeit bewusst einschließen will, dass in Gefühlen und
Affekten Momente enthalten sind, die nicht bewusst sind bzw. bewussten Prozessen vorangehen, kann man den Begriff Emotion auch
weiter fassen als den des Gefühls, erweitert um Momente des Un-
und Vorbewussten. Die Hirnforscher LeDoux[13] und Damasio[14] behaupten, Gefühle entstünden aus Emotionen. LeDoux macht dies am
Beispiel der Furcht deutlich. Bevor etwa eine Schlange als solche

---

12 Carl Creifelds, *Rechtswörterbuch,* München [7]1993, 23.
13 Vgl. Joseph LeDoux, *Das Netz der Gefühle. Wie Emotionen entstehen,* übers. v.
    Friedrich Griese, München [2]2003, 173 ff. (i.O. *The Emotional Brain. The Mys-
    terious Underpinnings of Emotional Life,* 1996).
14 Vgl. A.R. Damasio, *Ich fühle, also bin ich,* 339 ff.

wahrgenommen und die Wahrnehmung im Großhirn entsprechend
verarbeitet wird, wird schon ohne den Umweg über Verstandesarea-
le über das Gefühlsgedächtnis eine Furchtreaktion ausgelöst, die
dann erst zur bewussten Furcht wird.

2.4 Stimmungen

Emotionen wie Wut, Angst oder Freude verspüren wir nicht ständig.
Zum Glück! Außerhalb solcher affektiven Zustände sind wir keineswegs gefühllos im Sinne von ›ohne Gefühle‹. – »Wie geht's dir?« –
»Gut!« – Unterstellt, diese Antwort ist wahrhaftig und nicht nur flos-
kelhaft gemeint, dann drückt der Antwortende aus, nicht *was* er
fühlt, sondern *wie* er *sich selbst* fühlt, *wie ihm ist.* Durch die alltägliche Frage ist er provoziert, sich auf sich, als auf sein Sich-selber-
Fühlen zu besinnen. Und »gut« meint dann nichts Moralisches, sondern eine positive Gefühlsqualität. Wer »gut« antwortet, meint, er
fühle sich wohl. Er bekennt, in welcher Stimmung er sich befindet.
Mit Stimmungen, Gestimmtheiten, Gefühlshaltungen sind länger andauernde Gefühlsverfassungen gemeint wie Zufriedenheit, Heiterkeit, Glücklich-Sein, Schüchternheit, Angst – im Unterschied zur in-
tentionalen Furcht.[15] Im Gegensatz zu Gefühlen und Affekten und
übereinstimmend mit leiblichen Empfindungen sind sie nicht inten-
tional, nicht auf ein konkretes Etwas gerichtet. Wenn ich heiter bin,
bin ich heiter, aber nicht heiter *auf* oder heiter *über.* Tugendhat
streicht heraus, dass das Ich bei den Stimmungen mehr bei sich ist
als in den Affekten.[16] Die Wut ist gerichtet auf das, was mich wütend macht. Mein Ich spürt dabei zwar meine Wut, aber mein Wü-
tend-Sein ist gleichsam nur der mitwahrgenommene Begleiter meiner Wut-auf. Anders bei der Heiterkeit. Sie ist nicht gerichtet auf

---

15 Diese seit Kierkegaard und Heidegger übliche Unterscheidung ist nicht unum-
    stritten; vgl. Hinrich Fink-Eitel, »Angst und Freiheit, Überlegungen zur philo-
    sophischen Anthropologie«, in: H. Fink-Eitel u. G. Lohmann, *Philosophie der
    Gefühle,* a.a.O., 57-88, 70
16 Ernst Tugendhat, *Selbstbewußtsein und Selbstbestimmung. Sprachanalytische
    Interpretationen,* Frankfurt/M. [5]1993, 204 f.

eine Objekt, sie beugt sich vielmehr zurück: Der Unbestimmtheit der Heiterkeit korrespondiert ihre *Reflexivität*.

2.5   Gefühlsqualitäten

Eine wichtige Unterscheidung muss noch angefügt werden: Wenn sich Freude von Heiterkeit darin unterscheidet, dass das erste ein Gefühl und das zweite eine Stimmung ist, so haben sie doch etwas gemeinsam gegenüber einem Paar wie Angst und Furcht. Es sind angenehme Zustände. Gefühle und Stimmungen lassen sich unterteilen in Lust und Unlust. Mit diesen Begriffen sind hier also nicht Gefühle selbst gemeint, sondern Gefühlsqualitäten.

2.6   Fühlvermögen

Allen bisher genannten mentalen Zuständen oder Bewegungen ist gemein, dass sie – als Lust- oder Unlust-Gefühle – bewusst sind oder – als Emotionen – bewusst werden können oder – als Stimmungen – bewusst gemacht werden können. Dies gilt für eine weitere Gefühlsschicht gerade nicht: Sie ist als solche für mich nicht erkennbar, nicht einmal fühlbar, denn sie ist es, die allererst fühlt.

2.6.1 Philosophisch

Auf die Spur dieser Schicht bringen uns Redewendungen, bei denen Gefühl im Singular steht. »Mein Gefühl sagt mir, dass ...« »Das habe ich irgendwie im Gefühl; das spüre ich.« Hier ist nicht von einem spezifischen, gerichteten Gefühl die Rede, sondern von einer einheitlichen Einsichts- und Bewertungsinstanz, deren Einsichten und Bewertungen aber entweder nur ganz vage oder gar nicht auf den Begriff gebracht werden können. In der Geschichte der Ethik findet diese Gefühlsschicht ihre Anerkennung z.B. in der moral-sens-philo-sophy.[17]

Leonard Nelson, der Begründer des neosokratischen Gesprächs, reklamiert auch für manche Erkenntnisprozesse ein Art Gefühl, näm-lich das »Wahrheitsgefühl«. Von diesem ließen sich nicht selten ge-niale Forscher leiten.[18] Nelson zitiert zum Beleg Gauss mit dem Be-kenntnis: »Meine Resultate habe ich längst, ich weiß nur noch nicht, wie ich zu ihnen gelangen werde.«[19]

2.6.2 In der Hirnforschung

Philosophen können uns durch Rekurs auf vorvernünftiges Fühlen auf die Spur zur grundlegenden Gefühlsschicht bringen. Der Hirn-forschung verdanken wir dank neuerer bildgebender Verfahren be-denkenswerte Einsichten in diese Schicht selbst, wenn auch nur in-direkt. Das kann ihnen gelingen, wenn sie aus Ausfallerscheinungen bei Patienten Rückschlüsse ziehen auf normale Funktionsweisen des Gehirns. Einschlägig ist hier bereits die oben erwähnte Studie von Damasio *Descartes' Irrtum*. Descartes habe sich in der Annahme ge-irrt, man könne Körper und Geist so scharf voneinander trennen, dass daraus ein Dualismus von res cogitans und res extensa resultie-re. Für Damasio sei dieser Irrtum deshalb so ärgerlich, weil er noch heute virulent sei, etwa in der irrigen Metaphorik vom Geist als einer Software, die dann auf der Hardware Gehirn laufe.[20] Der Autor behauptet nun eine Descartes entgegen gesetzte monistische Position. Geist und Körper bildeten eine Einheit und würden vermit-telt durch emotional relevante, grob lokalisierbare Hirnfunktionen. In Analogie zu Kants berühmten Diktum, nach welchem Anschauun-gen ohne Begriffe blind, Begriffe ohne Anschauung leer sind, gelte

---

17 Dazu ausführlicher Carola Meier-Seetharler, *Gefühl und Urteilskraft. Ein Plä-doyer für die emotionale Vernunft*, München 2|1998.

18 Leonard Nelson, *Ausgewählte Schriften*, Studienausgabe, hg. v. Hein-Joachim Heydorn, Frankfurt/M. 1992, 44.

19 Ebd.; vgl. ferner Ronald de Sousa, *Die Rationalität des Gefühls*, übers. v. Hel-mut Pape, Frankfurt/M. 1997 (i.O. *The Rationality of Emotion*, 1987).

20 Vgl. A.R. Damasio, *Descartes' Irrtum*, 328 ff.

auch Entsprechendes für das Verhältnis von Denken und Fühlen: »Gefühle sind wichtig für das Denken, Gedanken wichtig für das Fühlen.«[21]

Mit dem Hinweis auf diese wechselseitige Abhängigkeit ist nicht nur ein Sachverhalt beschrieben; verbunden damit ist zugleich und vor allem eine Forderung. Genauso wie es zur condition humana gehört, nicht nur leiblich zu sein, sondern das »Leibsein als Aufgabe«[22] zu begreifen, so ist uns auch aufgegeben, Vernunft in sich selbst mit ihrem nur scheinbar Anderem zu vermitteln. Oder kurz: Wenn Philosophieren verstanden wird als vernünftige »Arbeit am Logos«,[23] dann ist vernünftiges Philosophieren immer auch ›Arbeit am Pathos‹.

3. Zur Didaktik der Gefühle

Daraus resultieren drei didaktischen Fragen: 1. Können wir unseren Schülerinnen und Schülern eine solche Arbeit am Gefühl zumuten? 2. Sollen wir sie ihnen zumuten? 3. Und wenn ja, wie? Auf die ersten beiden Fragen kann ich relativ kurz eingehen, die dritte möchte ich ausführlicher beantworten.

3.1 Über private Gefühle sprechen?

Wir stehen vor einem Problem, nämlich der Identität von Objekt und Objektivierendem. Richte ich mich erkennen wollend auf Gefühle, so richte ich mich primär auf mich. Hier geht es aber nicht um eine allgemeine Verfasstheit oder Struktur des Ichs und somit seine öffentliche Seite, sondern um seine der Öffentlichkeit entzogene, seine privateste Seite. Erkannte Gefühle sind ich-bezogen, insofern es im-

---

21 Daniel Goleman, *Emotionale Intelligenz*, übers. v. Friedrich Griese, München 1996, 26 (i.O. *Emotional Intellignce. Why it Can Matter More than IQ*, 1995).

22 Gernot Böhne, *Leibsein als Aufgabe, Leibphilosophie in pragmatischer Hinsicht*, Zug 2003.

23 Vgl. Volker Steenblock, »Philosophische Bildung als ›Arbeit am Logos‹«, in: Johannes Rohbeck (Hg.), *Methoden des Philosophierens*, Dresden 2000, 13-29.

mer *meine* Gefühle sind. Mein Gefühl bleibt per se *mein* Gefühl. Ich kann es allenfalls ausdrücken, sichtbar machen. Oder auch: es drückt sich von sich aus aus, macht sich selbst sichtbar. Was ich ausdrücken kann oder muss und was dieserart sichtbar wird, ist nicht als solches im strengen Sinne kommunikabel. Ich kann Gefühle eben nicht so mitteilen wie etwa die Erkenntnis, dass zwei mal zwei vier ist. Die Meinigkeit im Gefühlsbereich ist in diesem Sinne unhintergehbar. Mit Gefühlen ist es wie mit Farben: Wie ich sie erlebe, bleibt in Teilen mein Geheimnis, auch vor mir selbst.

Die Privatheit von Gefühlen ist ein kommunikatives Problem – und zugleich eine Chance! Es mag schwierig sein, meine Gefühle zu meinem *Gegenstand* zu machen und mitzuteilen, aber sie sind auf jeden Fall *mein* Gegenstand. Jede und jeder, also auch jede Schülerin und jeder Schüler, ist in Gefühlsdingen erfahren. Gefühle und vor allem Affekte gehören zu dem Bereich, den das Kerncurriculum Praktische Philosophie »personale Grunderfahrungen«[24] nennt. Als Beispiele werden ausdrücklich genannt »Liebe«, »Angst«, und »Freude«.[25] Schülerinnen und Schüler sind mit dem, was hier thematisch zur Diskussion steht, von ihren eigenen Erfahrung her bekannt. Wut, Neid, Scham und Schadenfreude sind keinem Schüler fremd.

3.2 Skizze bildungstheoretischer Grundlagen

Damit zur zweiten Frage: Wenn schon bekannt, warum soll man denn dann noch darüber reden? – Doch ist »bekannt« nicht gleich »erkannt«. Der Erfahrene ist noch nicht im eigentlichen Sinne der Experte. Aber das kann nur als vorläufige didaktische Begründung genügen.

Eine etwas genauere Begründung soll hier unter Einbeziehung bildungstheoretischer Theoreme erfolgen. Im Sinne Humboldts und Klafkis geht es in der Bildung um Selbstbildung des Ichs in der Polarität von Ich und Welt. Der kategorialen Bildung eignen nach Klaf-

---

24 »Kerncurriculum ›Praktische Philosophie‹«, in: Ministerium für Schule, Wissenschaft und Forschung des Landes NRW (Hg.), *Praktische Philosophie in NRW. Erfahrungen mit einem Schulfach*, Frechen 2002, 131-196, 154.
25 Ebd.

ki zwei Aspekte: 1. In der welt- oder objektorientierten Blickrichtung geht es darum, jungen Menschen zu ermöglichen, sich die Welt zu erschließen; 2. in ich- oder subjektorientierter Hinsicht meint der Bildungsprozess, dass junge Menschen sich selbst für diese Welt erschließen.[26] Zum Zielhorizont solcher Bildungsprozesse gehört – so die Weiterentwicklung des bildungstheoretischen Ansatzes von Klafki – die Befähigung zu wachsender Selbstbestimmungs-, Mitbestimmungs- und Solidaritätsfähigkeit in allen Lebensbereichen. Erforderlich dazu sei die Entfaltung grundlegender Fähigkeiten wie Kritik und Selbstkritik, Argumentation, Empathie und vernetztes Denken.[27]

Nun wird man nicht bezweifeln können, dass Philosophieren über Gefühle einen Beitrag zu leisten vermag, sich selbst besser verstehen zu können. Denn Gefühle werden ja unmittelbar als Momente des eigenen Selbst erfahren. Im Philosophieren über Gefühle kann ich mich selbst erschließen im Hinblick darauf, ›wer ich bin – und wenn ja, wie viele‹.[28] Aber dieser Prozess des wachsenden sich selber Verstehens soll zugleich ein Prozess von Welterschließung sein. Welche Wirklichkeit außer der des Ichs wird erschlossen, wenn ich über Gefühle nachdenke? Kreise ich vielleicht nur in mir selbst? Fallen hier Subjekt und Objekt völlig in eins?

Dies anzunehmen hieße sachlich zu verkennen, was Gefühle im Einzelnen sind, und didaktisch zu ignorieren, welcher Weltgehalt scheinbar privaten Gefühlen eignet. Ich behaupte, gerade die Thematisierung von Gefühlen leistet die doppelte und wechselseitige Erschließung von Ich und Welt in besonders erhellender Weise. Diese These lässt sich nicht allgemein, d.h. für alle Gefühle begründen.

---

26 Vgl. Wolfgang Klafki, *Studien zur Bildungstheorie und Didaktik*, Weinheim 1975, 43; ferner Volker Steenblock, *Theorie der kulturellen Bildung. Zur Philosophie und Didaktik der Geisteswissenschaften*, München 1999, 208 ff.

27 Vgl. Wolfgang Klafki, *Neue Studien zur Bildungstheorie und Didaktik, Beiträge zur kritisch-konstruktiven Didaktik*, Weinheim 1996, 52; ferner Volker Pfeifer, *Didaktik des Ethikunterrichts. Wie lässt sich Moral lehren und lernen?*, Stuttgart 2003, 43 ff.

28 »Wer bin ich – und wenn ja, wie viele?« ist mit augenzwinkernder Paradoxie ein Kapitel des Schulbuchs »Sich orientieren« überschrieben: Klaus Blesenkemper, Helmut Engels, Brigitte Philipp, Volker Steenblock u. Gerhild Tessak, *Sich orientieren. Ethik – Praktische Philosophie 9/10*, München 2002, 30 ff.

Denn die Vermittlung von Ich und Welt ist je völlig anders etwa im Gefühl der Scham, des Neides oder der Schadenfreude.

Eine bildungstheoretische Legitimation der Thematisierung von Gefühlen wird daher Ausführungen zu den genannten drei Einzelgefühlen erfolgen müssen. Eine in der genannten These enthaltene Implikation sei hier ausgewiesen: »Philosophie der Gefühle« kann kein Unterrichtsthema für sich sein. Es kann sich nur erschließen, wenn es als Synthese von Philosophie *einzelner* Gefühle[29] verstanden wird.

Exemplarisch wähle ich hier die Gefühle Scham, Neid und Schadenfreude, wobei ich auf Neid ausführlicher eingehe als auf die beiden anderen Gefühle.[30]

3.3 Aspektraster für Gefühle:
Aristoteles und »Gefühlspropeller«

Zunächst skizziere ich zwei Möglichkeiten, die Vielfalt all dessen, was mit Gefühlen verbunden ist, zu erfassen. Ein solches Erfassungsraster kann auch in der unterrichtlichen Praxis hilfreich sein.

1. Aristoteles schlägt in seiner Rhetorik am Beispiel des Zorns vor, drei Aspekte zu unterscheiden: Es sei zu fragen, »in welcher Verfassung sich der Zornige befindet, gegenüber wem man gewöhnlich zürnt und über welche Dinge«.[31]

2. In Anlehnung an Thomas Hülshoffs These von der Mehrdimensionalität von Gefühlen[32] habe ich als Aspektraster für ein Schulbuch einen so genannten »Gefühlspropeller« entwickelt.[33] Das Bild vom fünfflügeligen Propeller (für Flugzeuge oder Schiffe) soll

---

29 Auch fachphilosophisch wird bestritten, ob es eine Philosophie *der* Gefühle gibt. Vgl. Sabine A. Döring, »Die Renaissance der Gefühle in der Gegenwartsphilosophie«, in: *Information Philosophie*, Heft 4, 2005, 14-27, 20 ff.

30 Mit diesen habe ich mich bereits andernorts auseinandergesetzt. Vgl. dazu die Angaben in der Fußnote 1.

31 Aristoteles, *Rhetorik*, übers. v. Franz G. Sieveke, München 51995, II, 1, 84.

32 Thomas Hülshoff, *Emotionen. Eine Einführung für beratende, therapeutische, pädagogische und soziale Berufe*, München, Basel 22001, 13 ff.

33 K. Blesenkemper, H. Engels, B. Philipp, V. Steenblock u. G. Tessak, *Sich orientieren*, 10 f.

veranschaulichen, dass im konkreten Erleben fünf Aspekte als Momente eines einzigen Geschehens miteinander verbunden sind und zeitlich so schnell ablaufen, dass sie als synchron erlebt werden.[34] Das ›Anhalten‹ des Propellers im Sinne einer phänomenologischen Verlangsamung soll helfen, diese Aspekte bewusst und hinterfragbar zu machen. Nach diesem Raster sind im Gefühl verbunden: a) die kognitive Seite des Gefühls, b) die leiblich-vegetativen Seite, c) die mimisch-gestischen Seite, d) der Verhaltens- und e) der zwischenmenschlichen Aspekt.

Das Aristoteles-Modell zielt eher auf allgemeinere Aussagen. Er fragt ja zum Beispiel danach, über wen man »gewöhnlich« zürnt. Der Gefühlspropeller leistet dies auch, hilft aber auch bei der Analyse einzelner Affekt-Situationen. Bei der Scham greife ich hier auf das zweite Raster zurück.

3.4 Scham

3.4.1 Aspekte der Scham[35]

Der Schamaffekt macht sich – unangenehm bis schmerzhaft – bemerkbar in der Wahrnehmung der eigenen erhitzten Wangen. Diese Selbstwahrnehmung ist in der Regel gekoppelt mit dem Wissen, dass andere diese Erhitzung als Rötung sehen.

Dieses Wissen ist für die Scham aber nur von sekundärer Bedeutung,[36] denn zentral geht der Scham ein anderes Wissen, ein kombiniertes Sach- und Werturteil voran: Der Scham liegt die kognitive Leistung zugrunde, dass der sich Schämende eine subjektive und/oder gesellschaftliche Norm verletzt hat.[37] Dadurch sieht er sich in seiner gesamten Persönlichkeit herabgewürdigt – »Scham ist wie

---

34 Vgl. C. Halbig, »Die stoische Affektenlehre«, 36.

35 Zur genaueren Analyse dieses Affektes vgl. K. Blesenkemper, »Gefühle geben zu denken«, 256 ff.

36 Dieses Wissen kann dann wiederum eine Scham, die Scham über das Sich-Schämen, begründen.

37 Zum Aspekt der Normverletzung vgl. vor allem Georg Simmel, »Zur Psychologie der Scham« (1901), in: ders., *Schriften zur Soziologie,* hg. v. Hans-Jürgen Dahme u. Otthein Rammstedt, Frankfurt/M. 21986, 140-150.

eine Wunde am Selbst«[38] –, und zwar in den realen oder möglichen
Augen anderer.[39]

Mit dieser kognitiven und der physischen Reaktion ist als mi-
misch-gestischer Aspekt verbunden das Senken des Kopfes, das
Wegdrehen oder Verbergen des Gesichtes. In der Körperhaltung
drückt sich das Gefühl des Kleiner-werden-Wollens aus. Das Verhalten ist von dem Impuls geprägt, gleichsam im Boden versinken zu
wollen. Im Verhalten zu den Mitmenschen zeigt sich große Unsicherheit. Wenn nicht gänzlich verstummt, so bringt der sich Schämende allenfalls stockende, stotternde Worte hervor.[40]

3.4.2 Scham im Unterricht[41]

Wenn Scham im Unterricht zum Gegenstand werden soll, sind Vor-
sichtsmaßnahmen zu berücksichtigen. Denn die Thematisierung von
Gefühlen kann diese selbst wieder wecken. Um dem zu entgehen,
kann man entweder eine harmlosere Variante wählen. Weniger pei-
nigend als Schamerlebnisse sind Peinlichkeiten. In diesem Sinne habe ich vor kurzem ein neosokratisches Gespräch unter dem Thema:
»Das war mir echt peinlich« durchgeführt. Im Regelunterricht wird
Scham verhindert, wenn die Analyse an einem anonymisierten Beispiel ansetzt. Ich hatte Schülerinnen und Schüler aufgefordert, sich
in selbst-gewählten Gruppen Schamerlebnisse zu erzählen, ein Erlebnis auszuwählen und dieses anonymisiert niederzuschreiben. Auf
diese Weise ist die Balance gewahrt zwischen Konkretheit für die

---

38 Sighard Neckel, »Achtungsverlust und Scham, Die soziale Gestalt eines exis-
    tentiellen Gefühls«, in: H. Fink-Eitel u. G. Lohmann (Hg.), *Zur Philosophie der
    Gefühle*, a.a.O., 244-265, 244.

39 Die Bedeutung des Anderen in der Genese der Scham entfaltet anschaulich Sar-
    tre: Jean-Paul Sartre, *Das Sein und das Nichts. Versuch einer phänomenologi-
    schen Ontologie*, übers. v. Hans Schönberg u. Traugott König, Reinbek 1993,
    406 ff. (i.O. *L'etre et le néant. Essai d'ontologie phénoménologique*, 1943).

40 Zu den psychophysischen Aspekte der Scham vgl. Charles Mariauzouls, *Psy-
    chophysiologie von Scham und Erröten*, Diss., München 1996.

41 Zur Thematisierung von Scham im Unterricht vgl. K. Blesenkemper, »Gefühle
    geben zu denken«, 260 ff. u. ders., »Gefühl und Verstand«, 35-42.

anschließende Analyse auf der einen Seite und Schutz der Intimsphäre auf der anderen.

Eine solche Geschichte aus einem Kurs Praktische Philosophie der Jahrgangsstufe 10 lautet:

> »Seit Tagen freute ich mich auf diesen Abend. Ich hatte mich extra schick gemacht. Meine neue 501 saß perfekt und knalleng. Zuerst war alles total lustig, wir haben getanzt, gelacht, getrunken – die Stimmung war super.
>
> Nach einer halben Stunde Tanzen ließ ich mich erschöpft auf ein Sofa fallen und beobachtete zwei süße Typen, die mir gegenüber saßen. Sie tuschelten und grinsten dauernd in meine Richtung. Ich flirtete zurück und sie lachten noch mehr.
>
> Allmählich machte mich ihr Gelächter stutzig. Plötzlich tippte mir meine beste Freundin von hinten auf die Schulter. Zuerst dachte ich, sie wolle mich aus der unangenehmen Situation befreien, doch stattdessen sagte sie mir, dass sich in meinem Schritt ein großer roter Fleck ausbreitete, der auf meiner weißen Hose richtig zur Geltung kam. Ich hatte meine Tage bekommen.
>
> Schnell schlug ich die Beine übereinander und spürte, wie mir das Blut in den Kopf stieg. Ich wäre am liebsten im Boden versunken, denn inzwischen waren auch die anderen Partygäste auf mich aufmerksam geworden. Als ich auf die Toilette verschwand, hörte ich nur lautes Gelächter hinter mir. Ich betrachtete mich im Spiegel und sah, dass ich knallrot war. Am liebsten wäre ich für immer auf der Toilette geblieben.«

Die Anwendung des Gefühlspropellers auf diese Situation macht deutlich, dass in dieser Beschreibung alle oben genannten Aspekte berücksichtigt sind.

Bei der Analyse dieser Situation erschließt sich den Lernenden nicht nur die konstitutive Rolle der Leiblichkeit für das eigene Selbst. Es geht auch im Sinne Sartres um die Erfahrung des Zurückgebeugtseins auf sich selbst durch den Blick des Anderen. Exemplarisch wird somit erschlossen, welche Bedeutung gelingende oder nicht gelingende Anerkennung durch den Anderen in der sozialen Wirklichkeit hat.

Zu diesem Aspekt noch eine weitere Geschichte, diesmal in der Er-Form:

> »Ein vermeintlich ausgezeichneter Rollerbladefahrer mit einer erstklassigen Profiausrüstung wollte seinen Freunden beweisen, wie gut er rückwärts mit einem Fuß ein Geländer einer Treppe herunter slighten kann.
>
> Er nimmt ausreichend Anlauf, geht bei voller Fahrt in die Hocke und springt auf das Geländer. Er rutscht nun elegant das Geländer herunter. Doch plötzlich, kurz vor dem Ende, verkantet sich eine Rolle. Er kommt ins Straucheln, verliert das Gleichgewicht und fällt in einen rechts neben dem Geländer parkenden Eiswagen.
>
> Als er noch halb benommen zu sich kam, sah er all seine Freunde, wie sie um den umgestürzten Eiswagen herumstanden und laut über ihn lachten. Der Skater errötete, und es bildete sich ein starker Kontrast zwischen seinem roten Kopf und dem Vanilleeis, das über sein Gesicht lief. Er dachte: ›Was für eine peinliche Situation!‹«

Auch hier geht es darum, dass sich der zur Scham Verdammte in den Augen der anderen herabgesetzt fühlt. Und doch unterscheidet sich die Dramatik der Scham von der zuvor skizzierten Situation. Man kann nämlich zwischen zwei Grundformen der Scham unterscheiden, der Scham der passiven Enthüllung und der Scham der scheiternden Hybris.[42] Der erste Fall entspricht dem ersten, der zweite Fall dem zweiten Typus. Hier geht es darum, dass sich der Schämende vermessen über die Anderen erhebt, scheitert, und zwar getreu dem Sprichwort »Hochmut kommt vor den Fall«. Es handelt sich nämlich, wie die Schüler klar formulierten, um einen »*vermeintlich* ausgezeichnete[n] Rollerbladefahrer«.

Weitere Erschließungsmöglichkeiten über eine Analyse von Scham und Schamsituationen seien hier nur angedeutet: Wie sehr historisch und kulturell bedingte und somit variierbare Werte als scheinbar überzeitliche Wertungen verinnerlicht werden, mag durch die Auseinandersetzung mit folgender Feststellung eines Koreaners

---

42 Vgl. Konrad Schüttauf, Ernst Konrad Specht u. Gabriele Wachenhausen, *Das Drama der Scham. Ursprung und Entfaltung eines Gefühls,* Göttingen 2003.

erschlossen werden: »Zum Beispiel würde ein junges Mädchen in einer gewissen Kultur sich schämen, moralische Werte verletzt zu haben, wenn es seine Jungfräulichkeit verloren hat, während es sich in einer anderen Kultur schämen würde, noch Jungfrau zu sein.«[43]

Ein leider sehr wichtiges Problem unter Schülerinnen und Schülern ist der Druck, »Markenklamotten« tragen zu müssen. Wer solchem Druck aus finanziellen Gründen nicht nachgeben kann, wird nicht selten Opfer der Scham, genauer der Sozialscham. Diese zu thematisieren, heißt gesellschaftliche Wirklichkeit in ihrer Relativität zu erschließen. Damit rücken die von Klafki genannten Ziele der Selbstbestimmung und der Solidaritätsfähigkeit in den Blick.

3.5   Neid

3.5.1 Aspekte des Neides

Bei einer Umfrage unter Lesern der Zeitschrift *Geo* bekannten sich von über 1200 Online-Lesern 20,7 % dazu, häufig Neid zu empfinden, und immerhin 50,6 % selten neidisch zu sein. Nur 28,7 % meinten »fast nie« Neid zu empfinden.[44] Unterstellt, dass das stimmt, dann werden diese Menschen vermutlich gerade darum von den anderen beneidet. Nicht neidisch zu sein, ist geradezu beneidenswert. Der Situation Neider und/oder Beneideter zu sein, kaum man anscheinend kaum entfliehen. So gesehen ist Neid ein omnipräsentes Gefühl. Oder um es noch schöner mit Friedrich von Logau zu formulieren: »Neiden und beneidet werden ist das meiste Tun auf Erden.«[45]

Neid scheint auch von größerem öffentlichem Interesse zu sein. Als Beispiel sei die ZDF-Sendung *Das philosophische Quartett* vom

---

43 Zuk-Nae Lee, »Koreanische Kultur und Schamgefühl«, in: Rolf Kühn, Michael Raub u. Michael Titze (Hg.), *Scham – ein menschliches Gefühl. Kulturelle, psychologische und philosophische Perspektiven*, Opladen 1997, 75-86, 76.

44 http://www.geo.de/GEO/medizin_psychologie/psychologie/2003_07_GEO _neid_umfrage_ergebnis/index.html?linkref=geode_teaser_related&SDSID=2 1851000000021084112548 (abgerufen am 09.05.2004).

45 Zitiert nach Gerhard Schwarz u. Robert Nef (Hg.), *Neidökonomie. Wirtschaftspolitische Aspekte eines Lasters,* Zürich 2000, 185.

25.05.2003 genannt. Peter Sloterdijk und Rüdiger Safranski diskutierten mit den Gästen Klaus von Dohnany und Heiner Geißler das Thema: »Die Macht des Neides«, und zwar ausgehend von der These, dass es derzeit kaum ein wichtigeres Thema gebe. Schon die Wahl der Gäste deutet an, dass das Thema Neid hier primär als politisches bzw. gesellschaftliches Phänomen begriffen wird. Entsprechend der Untertitel der Sendung: »Das Wort von der Neidgesellschaft macht in Deutschland die Runde.«

In der genannten Umfrage antworteten auf die Frage: »Leben wir in einer ›Neidgesellschaft‹?« 73,1 % »ja«, nur 6,8 % verneinten sie und immerhin 20,1 % wussten auf dieser Frage keine Antwort.

Darüber, was Neid ist, klärt uns Aristoteles in seiner *Rhetorik* auf. »Worüber, gegen wen und in welcher seelischen Disposition man *Neid* empfindet, wird klar, wenn der Neid definitorischer Festlegung zufolge eine gewisse Unlustempfindung ist über ein offenkundiges Glück hinsichtlich der bereits [an anderer Stelle] Stelle erwähnten Güter bei unseresgleichen, und zwar nicht zu unserem eigenen Vorteil, sondern um jener willen; denn Neid empfinden werden solche, denen gewisse andere gleich sind oder doch erscheinen.«[46]

Gehen wir der Reihe nach vor: Wer ist neidisch oder neidanfällig? In der zitierten Passage sind dazu nur Ansätze zu finden. Aristoteles spricht von Neidischen, denen »gewisse andere gleich sind oder doch erscheinen.« Der Neid beruht auf *zwei* Urteilen. An zeitlich erster Stelle steht ein Sachurteil. Ich vergleiche mich mit einem anderen und stelle fest, dass diesem ein »offenkundiges Glück« zukommt. Das zweite Urteil ist ein Werturteil. Dass dieses Glück einem anderen zukommt, empfinde ich für mich als schmerzhaft. Für den Neidaffekt von entscheidender Bedeutung ist das erste Urteil, der Vergleich, genauer: der Vergleich zwischen irgendwie Gleichen.

Auf die Frage, worauf wir neidisch sind, d.h. auf welche Güter, bleiben wir gleich in der Gegenwart: In der schon zitierten Umfrage nimmt »Reichtum« als Auslöser für Neidgefühle mit 29,4 % die Spitzenstellung unter den Neidauslösern ein, dicht gefolgt von »Intelligenz«, »Karriere« und »Schönheit« mit jeweils gut 20 %, weit vor »Gesundheit« mit 4,8 %. Diese Aufzählung kann aber nur als er-

---

46 Aristoteles, *Rhetorik*, II,10, 116.

ste Näherung dienen. Sie provoziert eher die Frage, was es denn ist, was neidisch macht.

Zunächst einmal ist diese Liste alles andere als differenziert und vollständig. Denn eigentlich gibt es »nichts, was nicht geneidet werden kann«.[47] Das weite Spektrum möglicher Neidauslöser lässt sich in fünf Kategorien zusammenfassen: Beneidet werden kann a) was man *besitzen* oder *haben* kann – vom Traumhaus bis zum Arbeitsplatz, b) was man *sein* kann – Klassenprimus oder perfekte Mutter, c) was man *tun* kann – in Urlaub oder ohne Referatsdruck auf Tagungen fahren, d) was man *bekommen* kann – hier ist an Liebe, Anerkennung usw. zu denken, e) was zu einem *gehören* kann, z.B. »ein attraktiver Sexualpartner; eine verständnisvolle Lebenspartnerin; viele Kinder; ein großer Freundes- und Bekanntenkreis« usw.[48]

Was jeweils als Mangel und Begehrlichkeit provozierende Differenz zwischen dem Neider und Beneideten empfunden wird, ist sicher abhängig von dem, worin der Neider je subjektiv einen durch Vergleich ermittelten Mangel empfindet. Den weitaus größeren Einfluss auf die subjektive Bestimmung des Was von Neid dürfte die normative Kraft der jeweiligen Gesellschaft sein.[49]

»Reichtum« ist bei uns die Nummer eins unter den beneideten Gütern, weit vor »Gesundheit«. Ganz anders in »so genannten naturwüchsigen Gesellschaften, in denen die Macht des Menschen, ihre Lebensbedingungen zu gestalten, noch sehr unterentwickelt ist, werden vor allem drei Güter besonders stark beneidet: Essen, Kinder und Gesundheit.«[50] Den Neid auf Essen, den Futter- oder Brotneid kennen wir aktuell nicht. Aus der durchschnittlichen Wahl von Lebensformen bei uns lässt sich schließen, dass Kinder-Haben weniger ein Auslöser für Neid, denn für Bedauern und Mitleid ist.

Warum wird in unserer Gesellschaft vor allem Materielles, »Reichtum« geneidet? Uns geht es doch eigentlich gut. Stimmt, aber

---

47 Anja Krumpholz-Reichel, »Neid ist ein extrem selbstschädigendes Gefühl. Ein Gespräch mit Rolf Haubl«, in: *Psychologie heute*, Heft 5, 2002, 23-25, 23; vgl. Rolf Haubl, *Neidisch sind immer nur die anderen*, München 2001, 13.

48 Wolfgang Rost u. Angelika Schulz, *Rivalität. Über Konkurrenz, Neid und Eifersucht*, Heidelberg 1994, 37 f.

49 Ich spreche hier von der Gesellschaft, insofern sie für Neidauslösung beim Einzelnen mitbestimmend ist, nicht schon von der Neidgesellschaft.

50 R. Haubl, *Neidisch sind immer nur die anderen*, 13.

das ist eben nicht entscheidend. Was fürs Wetter gilt, gilt auch für den Neid: »Nicht das objektive Niveau der so genannten Lebensqualität zählt, sondern das gefühlte.«[51] Heiko Ernst führt dies zurück auf die »neuartige Psychodynamik der postmodernen Marktgesellschaft«. »Inzwischen sind selbst die Konsumgüter mit emotionalem und ideellem Mehrwert aufgeladen – nicht die Dinge selbst machen zufrieden, sondern die Gefühle, die ihren Besitz begleiten.«[52] Entsprechend gilt: Nicht die Dinge machen unzufrieden und neidisch, sondern die Gefühle, die mit ihrem Nichtbesitz verbunden sind.

Dies entspricht den neuen Imperativen der »Erlebnisgesellschaft« (Gerhard Schulze). Entsprechend ihrer Abkehr von einer welt-zentrierten Außenorientierung zur ich-zentrierten Innenorientierung lautet ihr Befehl: Erlebe dein Leben! Wenn man in diesem Sinne folgsam handelt, »wird das schöne Erlebnis zur Hauptsache, Brauchbarkeit zum Nebenaspekt, der für das Projekt des schönen Lebens wenig hergibt. Dadurch entsteht Enttäuschbarkeit«[53] und Neidanfälligkeit.

Wie sehr der potentielle emotionale Mehrwert der Dinge und nicht die Dinge selbst Neid auslösend zu sein vermögen, macht Haubl an einem Beispiel deutlich, bei dem sich Neider und Beneideter im Besitz des beneideten Gutes gerade *nicht* unterscheiden. »Man neidet den anderen das Ansehen, das Glück und die Zufriedenheit, also innere Zustände, die diese [...] durch die beneideten Güter erreichen. Selbst wenn zwei Freundinnen das gleiche Kleid kaufen, neidet die eine der anderen dasselbe Kleid: Warum? Weil sie unterstellt, dass die Freundin die Fähigkeit habe, aus diesem Kleid mehr Anerkennung herauszuschlagen.«[54] Schon für Aristoteles war nicht so sehr der Besitz, sondern das Glück des anderen, das beneidet werde.

Schon hier wird deutlich, wie viel gesellschaftliche Wirklichkeit durch Analyse des Neides erschließbar ist. Neid scheint mir in der

---

51 Heiko Ernst, »Der leise Schmerz des Noch-nicht-Habens«, Editorial zu *Psychologie heute*, Heft 5, 2002, 3.

52 Ebd.

53 Gerhard Schulze, *Die Erlebnisgesellschaft, Kultursoziologie der Gegenwart*, Frankfurt/M. ²1992, 64.

54 Anja Krumpholz-Reichel, »Neid ist ein extrem selbstschädigendes Gefühl«, 24.

bildungstheoretischen Polarität von Ich und Welt noch welthaltiger zu sein als Scham.

Für den Erfahrungshorizont vieler Schülerinnen und Schülern ist eine ganz bestimmte Form des Neides, sogar eine Ursprungsform relevant: der Geschwisterneid. (Einzelkinder haben diese Erfahrung natürlich so nicht.) Sigmund Freud hält diese Form des Neides vor allem beim Erstgeborenen für unausweichlich.[55] Der kleine Prinz der Familie oder die Prinzessin sieht sich, wenn ein Brüderchen oder ein Schwesterchen hinzukommt, in seinem Monopolanspruch auf die Liebe der Eltern getrogen. Hasserfüllt betrachtet es den neuen Erdenbürger und grollt der Mutter.

Hier wird man einwenden können, dass es sich bei dieser Konstellation nicht um Neid, sondern um Eifersucht handelt. Zur begriffliche Abgrenzung: Die »brisante[n] Verwandte[n]«[56] unterscheiden sich vor allem darin, dass erstens Neid ein Begehren ist und Eifersucht eine Furcht. Wenn ich neidisch bin, will ich etwas haben, was ein anderer hat. Bin ich eifersüchtig, fürchte ich, dass ich an einen anderen etwas verliere.[57] Und zweitens: In den meisten Fällen kommt es zu Neid zwischen zwei Personen, den Neider und den Beneideten, während für Eifersucht eine Dreiecksbeziehung typisch ist. A ist auf B wegen C, auf den A Anspruch erhebt, eifersüchtig. Neid und Eifersucht sind aber häufig verschränkt. Der entthronte Prinz beneidet den neuen Erdenbürger um die Liebe der Mutter.

Der Neid, vor allem aber der Geschwisterneid, kann sich noch steigern: Begehre ich etwas, was der andere hat, nur deshalb, weil der andere es hat, aber nicht weil ich es eigentlich haben will, so beneide ich den anderen in der Form der Missgunst. Bekomme ich das Kuchenstück, das ich meinem Bruder missgönne, schließlich doch, so lautet nicht selten die Reaktion: »Jetzt will ich es nicht mehr.«[58]

---

55 Vgl. R. Haubl, *Neidisch sind immer nur die anderen*, 190 f.
56 Ebd., 30 ff.
57 Vgl. W. Rost u. A. Schulz, *Rivalität*, 40 ff.
58 Vgl. Sighard Neckel, »Blanker Neid, blinde Wut?. Sozialstruktur und kollektive Gefühle«, in: ders., *Die Macht der Unterscheidung. Essays zur Kultursoziologie der modernen Gesellschaft*, Frankfurt/M. 2000, 110-131, hier: 115.

3.5.2   Neid im Unterricht

Neid im Unterricht zu thematisieren ist nicht so leicht wie Scham, vor allem in der Verkleinerungsform der Peinlichkeit. Das hängt damit zusammen, dass man Neid ungern zugibt. Mit seinem Neid, dem echten Neid, ist man in der Regel allein; über Neid, seinen eigenen, spricht man nicht.[59] Haubls Titel ist treffend gewählt: *Neidisch sind immer nur die anderen*. Schon Mandeville sah das ähnlich: »Ich glaube nicht, daß es ein zu geistiger Reife gelangtes menschliches Wesen gibt, das nicht irgendeinmal von diesem Gefühle [dem Neide, K.B.] in vollem Ernste erfüllt gewesen wäre, und doch habe ich bis jetzt noch keinen getroffen, der anders als im Schmerz einzugestehen wagte, sich seiner schuldig gemacht zu haben.«[60] Häufiger verbirgt sich der Neid hinter einer Maske. »In der *Fröhlichen Wissenschaft* sagt Friedrich Nietzsche, ›Neid und Eifersucht sind die Schamteile der menschlichen Seele‹. Neid muss verhüllt werden. Er ist das Motiv, das niemand zugeben will. Neid kann nur in kurzen Perioden des menschlichen Lebens offen gezeigt werden – in der Kindheit am Sandkasten und im Altersheim. Selbst über blinden Hass, ja Mordlust lässt sich noch reden.«[61]

Jacques Callot, Folge der *Sieben Todsünden*, »Der Neid« (um 1617-1620), Paris, Bibliothèque Nationale

---

59 Jens Schröder, »Neid. Das Gefühl im Hinterhalt« in: *Geo*, Heft 7, 2003, 52-72.

60 Bernard Mandeville, *Die Bienenfabel oder Private Laster, öffentliche Vorteile*, mit einer Einl. v. Walter Euchner, Frankfurt/M. 1980, 177.

61 Klaus Hartung, »Der Neid und das Soziale«, in: Karl Markus Michel u.a. (Hg.), *Kursbuch »Die Neidgesellschaft«*, Heft 143, Berlin 2001, 65-94, 76.

Wenn man Neid aus den Gründen der Maskierungstendenzen nicht offen ansprechen kann, dann muss es ein Mittleres, ein Medium geben. Zwei Möglichkeiten seien angedeutet:

In der Kunstgeschichte gibt es allegorische Darstellungen des Neides, an denen insbesondere ihre selbstzerstörirische Kraft sinnfällig wird. Selbstschädigung durch Selbstvergiftung zeigt sich zunächst in körperlichem Verfall, in drastischer Abnahme des Gewichts. Nur noch aus Haut und Knochen besteht die Personifikation des Neides in einer Radierung von Jacques Callot aus dem ersten Viertel des siebzehnten Jahrhunderts.

Diese Radierung könnte als ein Kommentar zu entsprechenden Formulierungen in den zur selben Zeit entstandenen Essays von Francis Bacon verstanden werden – oder umgekehrt. Denn dieser glaubt mit anderen beobachtet zu haben, »daß Liebe und Neid am Menschen zehren, was andere Leidenschaften nicht tun, weil sie nicht so anhaltend sind.«[62]

Die Schlange als Sinnbild der Bösartigkeit und damit auch des Neides begegnet in vielen Darstellungen; in einem Fresko von Giotto besonders sinnfällig. Sie

Giotto di Bondone, *Invidia* (um 1305), Padua, Scrovegni-Kapelle

erwächst aus dem Mund der Invidia und wendet sich zu ihr selbst zurück. Der Neid sprizt Gift in seine eigenen Augen. Er macht sich

---

62   Francis Bacon, »Über den Neid«, in: ders., *Essays oder praktische und moralische Ratschläge*, übers. v. Elisabeth Schücking, hg. v. Levin L. Schücking, Stuttgart 1999, 24-30, 30.

Georg Pencz, *Der Neid mit*
seinen 12 Eigenschaften
(1534, Holzschnitt), Nürnberg,
Germanisches Nationalmuseum

selbst blind. Die ausgestreckte Hand der Neidperson tastet unsicher ins Leere.[63]

Der Holzschnitt von Georg Pencz aus dem Jahre 1534 weist Parallelen zu Callot und Giotto auf. Bei allen begegnet die Schlange als Symbol der Boshaftigkeit. Wie bei Giotto ist auch hier die Schlange auf die Invidia zurückgewendet. Sie beißt ihr ins Bein. Ähnliche Konnotationen dürften mit der Spinne auf der Brust und dem Skorpion verbunden sein.

Dass auch hier der Neid blind ist, kann man der Abbildung nicht sofort entnehmen. Doch ist die Figur mit Fledermausflügeln ausgestattet, und diese Tiere galten damals als blind.[64] Auch der von Wolfgang Resch hinzugefügte Kommentar des berühmten Nürnbergers Hans Sachs lässt über die Eigenschaft der Blindheit keinen Zweifel »Weil er [der Neidische] niemandem kein Gut gönnt / Sieht er auch niemanden fröhlich an.« Die Blindheit wird hier genauer verstanden als verfälschend selektives Sehen. Den Blick für die Wirklichkeit hat der Neider verloren. Das betrifft ihn selbst und den anderen. Die blind tastende Orientierungslosigkeit des Neidischen zeigt sich zum Beispiel in der oben schon erwähnten Blockade, der Hemmung von Aktivitäten. Haubl spricht vom

---

63 Vgl. R. Haubl, *Neidisch sind immer nur die anderen*, 116 f. Haubl spricht irrtümlich von der linken Hand. Offensichtlich ist die Abbildung des Freskos (ebd., 117), auf die er sich bezieht, seitenverkehrt abgedruckt, wie an der spiegelschriftlichen Abbildung des Wortes »invidia« zu erkennen ist.
64 Zu diesem und anderen Details ausführlicher: ebd.,119 f

Die drirt aygenschafft.
Das difes bild auch ist ganz blinde
Deut wo der neyd merckt vnd empfinde
Das sein nechster zů nemet seer
An wolfart/glück/kunst/gůt/vnd eer
Das thůr jn in die augen stechen
Jm möcht sein pitter herz zůsprechen
Wyel er niemandt keins gůten gan
Sicht er auch niemandt frölich an.

»depressiv-lähmende[n] Neid«.[65] Dass Blindheit auch andere betrifft, würde ich auch zu einem Moment dieser Neidblindheit zählen. »Jemand, der einem anderen sein gutes Einkommen neidet, wird im Neid *ausblenden* [Hervorhebung, K.B.], dass der andere womöglich dreizehn Stunden am Tag dafür arbeitet. Eine Schufterei, auf die sich der Neider womöglich nie einlassen würde. Wenn wir neidisch sind, machen wir nie eine Kosten-Nutzen-Rechnung auf, sondern unterliegen einer hochgradig selektiven Wahrnehmung.«[66]

Außer dem Medium des Bildes bieten sich beim Neid auch *literarische* Texte an.

1. Nach der Geschichte um Kains Brudermord an Abel ist die zweite biblische Neid-Geschichte die von Joseph und seinen Brüdern. In der literarischen Gestaltung von Thomas Mann[67] werden die vegetativen und mimischen Momente des Affektes zur Geltung gebracht.

2. Das bekannteste Neid-Märchen ist »Schneewittchen«, erzählt von den Brüdern Grimm.

3. Das hier etwas näher zu betrachtende Beispiel ist eher versteckt. Es ist ein kleiner Auszug aus Carl Philipp Moritz autobiographischem Roman *Anton Reiser*. Er sei hier auch deswegen zitiert, weil er zugleich ein Beispiel für Schadenfreude ist:

In der Konfirmationsklasse des Pastor Marquard ist der ehrgeizige Anton der Primus. Der Erzähler konstatiert, Antons Eitelkeit habe in dieser Situation zuviel Nahrung bekommen, so dass es nunmehr wieder einer »Demütigung« bedürfe, die sich wie folgt einstellt:

---

65 Ebd., 17.

66 A. Krumpholz-Reichel, »Neid ist ein extrem selbstschädigendes Gefühl«, 24.

67 Thomas Mann, *Joseph und seine Brüder*, Teil 1: *Die Geschichten Jaakobs. Der junge Joseph* (1933), Frankfurt/M. 1979; 410, 414 f.

»Als auf einmal ein junger wohlgekleideter Mensch, in seinem Alter, und von feiner Erziehung die Lehrstunden des
Pastor M[arquard] mit besuchte, der ihn durch sein feines
äußeres Betragen sowohl, als durch die vorzügliche Achtung,
womit ihm der Pastor M[arquard] begegnete, ganz in Dunkel
setzte, und dem auch sogleich über ihm der erste Platz angewiesen ward.

Reisers süßer Traum, der erste unter seinen Mitschülern
zu sein, war nun plötzlich verschwunden. Er fühlte sich ernie-
drigt, herabgesetzt, mit den übrigen allen in eine Klasse geworfen. – Er erkundigte sich bei dem Bedienten des Pastor
M[arquard] nach seinem fürchterlichen Nebenbuhler, und er-
fuhr, daß er eines Amtmanns Sohn und bei dem Pastor M[ar-
quard] in Pension sei, auch mit den übrigen zugleich konfir-
miert werden würde. Der schwärzeste Neid nahm auf eine
Zeitlang in Antons Seele Platz; der blaue Rock mit dem samt-
nen Kragen, den der Amtmannssohn trug; sein feines Betragen, seine hübsche Frisur schlug ihn nieder und machte ihn
mißvergnügt mit sich selbst; aber doch schärfte sich bald wieder das Gefühl bei ihm, daß dies unrecht sei, und er wurde
nun noch mißvergnügter über sein Mißvergnügen.

Ach, er hätte nicht nötig gehabt, den armen Knaben zu
beneiden, dessen Glückssonne bald ausgeschienen hatte. Bin-
nen vierzehn Tagen kam die Nachricht, daß sein Vater wegen
Untreue seines Dienstes entsetzt sei. Für den jungen Menschen konnte also auch die Pension nicht länger bezahlt werden, der Pastor M[arquard] schickte ihn seinen Anverwandten
wieder, und Reiser behielt seinen ersten Platz. Er konnte seine
Freude wegen der Folgen, die dieser Vorfall für ihn hatte,
nicht unterdrücken, und doch machte er sich selber Vorwürfe
wegen seiner Freude – er suchte sich zum Mitleid zu zwingen,
weil er es für recht hielt – und die Freude zu unterdrücken,
weil er sie für unrecht hielt; sie hatte aber demohngeachtet die
Oberhand, und er half sich denn am Ende damit, daß er doch

nicht wider das Schicksal könne, welches nun den jungen Menschen einmal habe unglücklich machen wollen.«[68]

Im Unterricht Praktische Philosophie soll die personale Perspektive um die Dimension Gesellschaft erweitert werden.[69] Dazu bietet sich der schon erwähnte Begriff der Neidgesellschaft an. Dabei geht es hier nicht darum, gesellschaftliche Wertkonflikte hinter den scheinbar privaten zu erkennen, sondern einen von privaten Neidgefühlen abgehobenen Konflikt in den Blick zu nehmen.

Der Begriff »Neidgesellschaft« kommt immer dann zur Geltung, wenn der Ruf nach gesellschaftlicher Umverteilung von oben nach unten laut wird. Die daran *nicht* interessierte Seite sucht dieses Ansinnen mit dem Vorwurf »Neidgesellschaft« abzuwehren. In diesem Sinne ist ein Ausruf von Otto Graf Lambsdorff (FDP) zu verstehen, als die SPD am 05.09.1990 bei der ersten Lesung zum Einigungsvertrag dafür plädierte, die »Besserverdienenden« sollten zur Finanzierung der Einigung eine Ergänzungsabgabe zahlen. Graf Lambsdorf damals: »Da kommt also die alte Neidsteuer wieder!«[70] Der Begriff meint also, diejenigen, die für eine solche Steuer einträten und damit Geld und Güter von Reicheren zu Ärmeren zu verteilen versuchen, seien selbst neidisch auf die »Besserverdienenden« oder begriffen sich als Anwälte der neidischen Ärmeren.

Eine ganz andere, aber dazu komplementäre Sichtweise brachte Heiner Geißler (CDU) in dem erwähnten *Philosophischen Quartett* zur Geltung: »Ich habe die Erfahrung gemacht, dass der Begriff Neidgesellschaft vor allem dazu gedient hat, Sozialabbau zu tabuisieren.« In beiden Fällen ist Neidgesellschaft ein Vorwurf der Besserverdienenden an die sozial Schwächern oder ihre Repräsentanten. Im ersten Fall, weil den Begüterten etwas weggenommen werden soll, im zweiten Fall, weil bei anvisierten Veränderungen verheimlicht werden soll, dass die weniger Begüterten etwas opfern sollen. Der Neidvorwurf ist also hier in beiden Varianten die Abwehr der

---

68 Karl Philipp Moritz, *Anton Reiser. Ein psychologischer Roman* (1785-1790), Stuttgart 1990, 129 f.

69 Vgl. *Kerncurriculum*, 150 ff.

70 Vgl. Sighard Neckel, »Deutschlands gelbe Galle. Eine kleine Wissenssoziologie des teutonischen Neides«, in: K.M. Michel (Hg.), *Kursbuch »Die Neidgesellschaft«*, a.a.O., 2-10, hier: 2.

Vergrößerung der Kluft zwischen Arm und Reich. Mit dem Vorwurf: »Ihr seid ja nur neidisch!« soll verhindert werden, die Frage
nach sozialer Gerechtigkeit zu stellen. Wird sie aber gestellt, so ist
das damit verbundene Gefühl nur noch bedingt als Neid anzuspre-
chen

Nach Haubl kann daher diese Form des Neides qualifiziert werden als »empört-rechtender Neid«. Dieser liegt vor, »wenn jemand
aus guten Gründen glaubt, dass die beneidete Person das begehrte
Gut unrechtmäßig besitzt. Unter Berufung anerkannte Gerechtig-
keitsvorstellungen verwandelt er Ärger und Wut in Streitbarkeit für
eine gerechte Verteilung der Güter.«[71]

John Rawls erhofft sich in seiner *Theorie der Gerechtigkeit*,[72]
dass durch eine wohlgeordnete Gesellschaft die Neigung zum Neid
verringert wird. Wenn man diese gedankliche Linie weiterzieht,
könnte man dahin kommen, eine entneidete, eine neidfreie Gesellschaft anstreben zu wollen. Doch diese gedankliche Linie landet im
Nirgendwo, und zwar aus zwei ganz unterschiedlichen Gründen.

1. Wenn, wie bereits anfangs ausgeführt wurde, alles beneidet
werden kann, jeder beliebige Unterschied zum Auslöser von Neid zu
werden vermag, dann ist – solange sich Menschen vergleichen –
keine Gesellschaft möglich, in der es keinen Neid gibt.

2. Es ist nicht nur nicht möglich, es ist vor allem nicht wünschenswert, den Neid gänzlich zu eliminieren. Der Neid vermag
auch eine Dynamik zu entwickeln, die man positiv bewerten kann.
Zur Veranschaulichung ein Witz, der im Unterricht analysiert werden kann: »Geht ein Amerikaner mit seinem Freund die Straße entlang. Kommt ein großer Cadillac vorbei. Sagt der Amerikaner zu seinem Freund: So einen Wagen fahre ich auch mal! – Geht ein Deutscher mit seinem Freund die Straße entlang. Kommt ein großer
BMW vorbei. Sagt der Deutsche zu seinem Freund: Der Typ geht
auch noch mal zu Fuß!«[73]

Ist das, was der Amerikaner empfindet, eigentlich Neid? – Dafür
spricht, dass er ein Gut begehrt, was ein anderer, mit dem er sich

71   R. Haubl, *Neidisch sind immer nur die anderen*, 27.
72   John Rawls, *Eine Theorie der Gerechtigkeit*, übers. v. Hermann Vetter, Frank-
     furt/M. 1979, 575 ff.
73   R. Haubl, *Neidisch sind immer nur die anderen*, 10.

vergleicht, besitzt. Aber er missgönnt es ihm nicht, er scheint sich auch nicht sonderlich unwohl zu fühlen. Zwar mag er bedauern, dieses Auto derzeit nicht fahren zu können. Aber in dieses Gefühl mischt sich doch die froh gestimmte Hoffnung, dereinst hinter dem Lenker eines Cadillacs sitzen zu können. Die im Vergleich ermittelte Differenz der Gegenwart scheint ihn für die Zukunft anzuspornen, es dem Cadillac-Fahrer dereinst gleichzutun. Der andere ist im Moment beneidenswert wegen seines Autos, aber wenn er sich anstrengt, wird es unser Amerikaner selbst einmal fahren.

Aristoteles nennt das Gefühl des Amerikaners nicht ›Neid‹, sondern ›ehrgeizige Rivalität‹, ›Eifer‹, ›eifriges Streben‹, ›Wetteifer‹, ›Bewunderung‹, in gewisser Hinsicht auch ›Eifersucht‹. Diesem Affekt widmet Aristoteles in seiner Rhetorik ein eigenes Kapitel und grenzt ihn auch dadurch deutlich vom Neidaffekt ab. Seine Unterscheidung und unterschiedliche Bewertung von zwei Menschen dieser Affekte leuchtet ein: Die Rivalität sei »etwas Edles und edlen Menschen eigentümlich, das Beneiden aber etwas Niedriges und niedrigen Menschen eigen; denn der eine strebt aufgrund der Rivalitätsempfindung danach, die Güter zu erlangen, der andere aber aufgrund seiner Neidempfindung, daß sein Mitmensch sie nicht besitzt.«[74] Auch Rawls kennt diesen Affekt und nennt ihn nicht Neid, sondern spricht spezifischer vom »Nachahmungs-Neid, der uns versuchen lässt, das zu erreichen, was andere haben. Die Wahrnehmung ihres größeren Wohles veranlaßt uns, auf sozial nützliche Weise nach etwas Entsprechendem für uns zu streben.«[75] Diese Art des Neids hebt Rawls – darin mit Aristoteles übereinstimmend – vom eigentlichen Neid ab.

Haubl scheut sich nicht, diesen Affekt als eine Form von Neid zu begreifen, die neben dem schon erwähnten depressiven-lähmenden und dem empört-rechtenden Neid steht. Er nennt ihn »ehrgeizig-stimulierende[n] Neid« und erläutert, dieser Neid liege vor, »wenn sich jemand aus aufrichtiger Bewunderung entschließt, der beneideten Person nachzueifern oder gar mit ihr zu wetteifern. Er glaubt mindestens ebenso fähig zu sein, sich das begehrte Gut selbst anzueignen,

---

74 Aristoteles, *Rhetorik*, II, 11, 118.
75 J. Rawls, *Eine Theorie der Gerechtigkeit*, 578.

und in Übereinstimmung mit sozialen Normen zu sein. Ärger und Wut verwandelt er in Anstrengung.«[76]

Der Rawls'sche und der Haubl'sche Ausdruck scheint den Amerikaner gut zu treffen. Er scheint im Rahmen der gesellschaftlichen Normen den Cadillac-Fahrer erreichen zu wollen. Wie sähe es aber aus, wenn er ihn voller Ehrgeiz gar übertreffen will? Diese Einstellung, die wohl etwas weniger wohlwollend ist, scheint der Nestor der Neidforschung, Helmut Schoeck, im Blick zu haben. Er beschreibt einen Menschen, der sich aus der Lethargie des depressivlähmenden Neides emanzipiert, und sieht hier einen Affekt, der über sich hinaussteigt und dadurch seinen Wesensgehalt verliert.[77] Offensichtlich vermag er den Neidbegriff nicht in Verbindung bringen mit einem gesellschaftlich hoch gelobten Verhalten, nämlich dem »wertvermehrenden Konkurrenzverhalten«. Der sich in dieser Weise transzendierende Neid wird wertvoll, weil zu einem Motor für Innovation und Steigerung des Sozialprodukts. Diese positiv bewertete Dynamik des Neides muss keineswegs nur als unbedeutender Seitenaspekt dieses Affektes begriffen werden, zumal dann nicht, wenn man kurz auf die ursprüngliche Bedeutung des Wortes eingeht. Schoeck erläutert: »Neid ist ein allgemein und ausschließlich germanisches Wort: althochdeutsch *nid*, mittelhochdeutsch *nit*. Die Etymologie ist unsicher. Ursprünglich bedeutete das Wort wohl Anstrengung, Eifer, Wetteifer, verkörperte also durchaus positive Werte.«[78]

Autoren aus dem Bereich der politischen Ökonomie bzw. Soziologie sehen ganz ähnlich wie Schoeck, was sich positiv aus dem Neid in der Gesellschaft entwickeln kann, bleiben aber bei dem Wort ›Neid‹. Sie markieren allerdings den Gegensatz zum lähmenden und selbst schädigenden Neid sehr deutlich. Was andere vom Wort ›Neid‹ Abstand nehmen lässt, qualifizieren sie durch den krassen Farbgegensatz ›schwarz‹ und ›weiß‹.

Ganz im Sinne des zitierten Witzes erläutert etwa Wolf Lepenies den Gegensatz »zwischen schwarzem und weißem, zwischen unproduktivem und produktivem Neid [...]. Hat der Nachbar ein schöne-

---

76 R. Haubl, *Neidisch sind immer nur die anderen*, 27.

77 Vgl. Helmut Schoeck, *Der Neid und die Gesellschaft*, Freiburg i.Br. ³1973, 20, 23 f.

78 Ebd., 25.

res Haus als ich, so spornt mich der weiße Neid an, für mich selbst schnell ein noch schöneres zu bauen. Der schwarze Neid dagegen nährt meine Hoffnung, das schöne Haus des Nachbarn werde bald niederbrennen.«[79]

Mit der Differenzierung zwischen ›schwarzem‹ und ›weißem‹ Neid kann im Unterricht eine Brücke geschlagen werden zwischen dem individuellen Neid und dem Neid in der Gesellschaft. Denn auch der individuelle Neid kann die Form des ›weißen‹ Neides annehmen, wenn sich etwa jüngere Geschwister mit neidvollem Blick auf die Älteren angespornt sehen, ihnen in ihren Leistungen, Ansehen usw. gleichkommen zu wollen.

3.6 Schadenfreude

3.6.1 Aspekte der Schadenfreude[80]

Das Gefühl der Schadenfreude fristet philosophisch ein Schattendasein. Es wird, wenn überhaupt, meist nur im Zusammenhang mit Neid thematisiert; dies freilich zu Recht, denn Neid mündet nicht selten in Schadenfreude, aber nicht alle Schadenfreude gründet in Neid.

Das alltägliche Gefühl der Schadenfreude ist philosophische bedeutsam, denn es ist – wie Scham und Neid – spezifisch menschlich, geradezu ›allzumenschlich‹: In ihm kommt häufig eine moralisch/ ethische relevante Bewertung eines Mitmenschen spontan zum Ausdruck. Das ist das noch näher zu erläuternde kognitive Moment der Schadenfreude. Mimisch-gestisch wie auch physiologisch zeigt Schadenfreude alle Zeichen von Freude überhaupt, einem Grundgefühl also. Hinzu kommt nicht selten ein herzhaftes Lachen oder ein eher verhaltenes Grinsen. Im unkontrollierten, losprustenden Lachen

---

79 Wolf Lepenies, »»Wäre ich König, so wäre ich gerecht.‹ Gerechtigkeit: Ein Schlüsselbegriff in den gesellschaftspolitischen Auseinandersetzungen der Gegenwart«, in: Leo Montada (Hg.), *Arbeitslosigkeit und soziale Gerechtigkeit*, Frankfurt/M., New York 1994, 9-33, hier: 14.

80 Vgl. dazu ausführlicher K. Blesenkemper, »Schadenfreude – zur Phänomenologie eines fragwürdigen Affektes«.

erfährt sich der Mensch in seiner Ganzheit von Leib und Seele. Damit wird ein anthropologisches Problemfeld angesprochen.

Moralisch/ethisch relevant ist nicht das, was *in* der Schadenfreude geschieht, sondern auch – wie auch beim Neid – die Schadenfreude *selbst*. Ist es legitim, dieses Gefühl zu haben? Und wenn ja, unter welchen Bedingungen?

Als anthropologisch-ethisches Alltagsphänomen scheint Schadenfreude somit ein didaktisch geeigneter Ansatzpunkt zu sein, zentrale Fragen des Selbst- und Welt-Verständnisses und damit der Praktischen Philosophie in den Blick zu nehmen. Es kommt hinzu, dass es aus meiner Erfahrung allen Beteiligten großes Vergnügen bereitet, über Schadenfreude zu sprechen. Was bei Scham eine Gefahr ist, kehrt sich hier ins Positive: Das Gefühl kehrt wieder, wenn man drüber spricht. Und Schadenfreude ist eben Freude.

Die Genese von Schadenfreude sei kurz umrissen. Dazu genial der »Allzumenschliches« entlarvende Nietzsche:

> »*Erklärung der Schadenfreude*. – Die Schadenfreude entsteht daher, daß ein jeder in mancher ihm wohl bewußten Hinsicht sich schlecht befindet, Sorge oder Neid oder Schmerz hat: der Schaden, der den anderen betrifft, stellt diesen ihm *gleich*, er versöhnt den Neid. – Befindet er gerade sich selbst gut, so sammelt er doch das Unglück des Nächsten als ein Kapital in seinem Bewußtsein auf, um es bei einbrechendem eigenen Unglück gegen dasselbe einzusetzen: auch so hat er ›Schadenfreude‹. Die auf Gleichheit gerichtete Gesinnung wirft also ihren Maßstab aus auf das Gebiet des Glücks und des Zufalls: Schadenfreude ist der gemeinste Ausdruck über den Sieg und die Wiederherstellung der Gleichheit, auch innerhalb der höheren Weltordnung. Erst seitdem der Mensch gelernt hat, in anderen Menschen seinesgleichen zu sehen, also erst seit Begründung der Gesellschaft gibt es Schadenfreude.«[81]

Wie andere Denker sieht auch Nietzsche eine enge Beziehung zwischen Schadenfreude und Neid. Damit ist für die Schadenfreude die

---

81 Friedrich Nietzsche, *Menschliches, Allzumenschliches. Ein Buch für freie Geister*, in: ders., *Werke*, 3 Bde., hg. v. Karl Schlechta, München [6]1969, Bd. 1, 890.

kognitive Leistung des Vergleichs konstitutiv. Der neidische Mensch hat dann die Möglichkeit *mittels* Schadenfreude mit seinem Neid sinnvoll umzugehen. Nietzsche gebraucht das Bild, der Schaden »versöhne« den Neid. Der Schaden kann übrigens qualitativ beliebig sein, um Neid zu besänftigen oder zu versöhnen. Maßgeblich ist nicht das Gut, sondern das Gefühl der wiederhergestellten Gerechtigkeit. Ungerecht ist auch nicht der Geschädigte selbst. Entsprechend sorgt auch *nicht er* für den Ausgleich, sondern dies geschieht irgendwie anonym im Rahmen einer »höheren Weltordnung«. Anton Reiser schreibt letztlich dem »Schicksal« die Macht des Ausgleichs zu.

Genauso wenig wie im Falle Anton Reisers ist bei Nietzsche von einer Aktivität des Schadenfrohen selbst gegenüber dem Geschädigten die Rede. Der Schadenfrohe tut dem Beneideten nichts. Die Beziehung des Neiders und dann Schadenfrohem zum Geschädigten ist rein betrachtend, freilich mit scheelem Auge auf seine Gesamtsituation.

Aber selbst das ist gar nicht immer erforderlich. Zwar braucht der Neid die Freude über einen beliebigen Schaden zur Versöhnung, aber die Schadenfreude braucht, wie erwähnt, zu ihrer Entstehung nicht unbedingt den Neid. Nietzsche behauptet: »Befindet er [der Schadenfrohe] gerade sich selbst gut, so sammelt er doch das Unglück des Nächsten als ein Kapital in seinem Bewußtsein auf, um es bei einbrechendem eigenen Unglück gegen dasselbe einzusetzen: auch so hat er ›Schadenfreude‹«. Hier verbindet Nietzsche zwei Gedanken: 1. Die aktuelle Gemütsverfassung des Schadenfrohen kann positiv gestimmt sein. 2. Man könne die empfundene Freude gleichsam auf ein Gefühlssparkonto legen, um es dann bei passender Gelegenheit abzuheben und zwecks Ausgleich einzusetzen. Dies mag erklären, warum auch den Schülerinnen und Schülern bekannte Fernsehsendungen wie *Pleiten, Pech und Pannen* soviel (Schaden)Freude bereiten.

Ein wichtiges Momente der Schadenfreude hat Nietzsche nicht genannt: Der Schaden, über den sich der Schadenfrohe freut, muss relativ klein sein. Andernfalls liegt Boshaftigkeit oder gar Sadismus vor. Im besonderen Merkmal der Kleinheit des Schadens liegt womöglich der Grund, warum es den Ausdruck im Englischen so nicht gibt, sondern als Fremdwort adaptiert wird. Denn »malice« ist ›boshafte‹ oder ›hämische Schadenfreude‹, nicht ›Schadenfreude‹ im engeren Sinne, wie wir es im Deutschen verwenden.

Es gibt auch Fälle, in denen der Schaden des anderen groß ist, z.B. eine Gefängnisstrafe. Wird ein solcher Schaden als gerecht eingestuft, so ist die dabei empfundene Freude in der Regel eher gedämpft. Wir sprechen von ›Genugtuung‹.

3.6.2 Schadenfreude im Unterricht

Einige der bisher genannten Momente zeigt Schülerinnen und Schülern der Sekundarstufe I und II eine Serie von Cartoons des Karikaturisten Tom der *tageszeitung*.

Zunächst geht es um den Unterschied zwischen einer eher boshaften oder hämischen Schadenfreude auf der einen Seite und einer Schadenfreude, die sich der Genugtuung annähert:

Das boshafte Mehr des fragwürdigen Affekts – sinnfällig im breiten Grinsen – wird hier durch »Kür« angedeutet. Man spürt einen Hauch von Sadismus. Die Schadenfreude des Teufels ist hier durchaus eine teuflische Schadenfreude.

Bei anderer Gelegenheit ist der Teufel von Tom aber gar nicht so teuflisch, sondern geradezu human. Er verspürt lediglich Freude darüber, dass ein Übeltäter schon auf Erden, also außerhalb der Wirkungsstätte des Teufels, eine gerechte Strafe hat erleiden müssen.

Die Schadenfreude im folgenden Beispiel steckt nicht *im* Cartoon, sondern mag der Betrachter – vielleicht gemildert als Genugtuung – fühlen, der über den stets schadenfrohen Teufel denkt: »Das geschieht ihm aber mal recht!«

Für jüngere Schülerinnen und Schüler bietet sich für den Unterricht zunächst diejenige Methode an, die im Zusammenhang mit der Scham skizziert wurde. Die Dimensionen des Gefühls werden ausgehend von eigenen Schadenfreude-Anekdoten erschlossen und auf die darin erkennbaren Implikationen hin befragt.

Aus der Jahrgangsstufe 9 sei ein Zwischenergebnis skizziert, aus der Jahrgangsstufe 11 das Endergebnis zitiert:

Jahrgangsstufe 9: In der diskutierten Situation fühlte ein Schüler Schadenfreude, weil er erlebte, wie sich ein um seiner sportlichen Leistungen ein wenig beneideter Mitschüler ungeschickt verhielt und sich den Kopf stieß. Das Gespräch darüber landete in einer Sackgasse. Die Schülerinnen und Schüler wussten nicht, wie sie das, was sie dachten, ausdrücken sollten. Daher habe ich eine andere Ausdrucksweise vorgeschlagen: »Man könnte das doch auch malen.« Die dann entstandenen Zeichnungen selbst waren völlig unspektakulär. Sie zeigten in der Folge ›Vorher‹, ›Während‹ und ›Nachher‹ in Säulendiagrammen bzw. durch entsprechend gestaltete Waagen, wie sich der ›Abstand‹ zwischen zwei Menschen durch das schadenfroh begrüßte Missgeschick verringerte. Methodisch bemerkenswert war, dass über das Erläutern der eigenen Graphiken die Sprachfähigkeit zurückgewonnen wurde. Die Diskussion der Zeichnungen führte zur Ermittlung einer »Formel«: »Schaden = Degradierung der höher gestellten Person + Höherstellung der niedrig gestellten Person = Gleichsetzung, für einen bestimmten Zeitraum«. Diese »Formel« hat durchaus den Charakter einer aus der konkreten Erfahrung extrahierten allgemeinen Regel. Dies gilt noch mehr für die damit verbundene Folgerung, auch wenn sie etwas unbeholfen formuliert ist: »Wir wollen mit anderen Menschen ›gleich‹ sein, oder auch besser sein. Wenn uns das gelingt, wenn sich das ereignet, freuen wir uns (Schadenfreude)«.

Jahrgangsstufe 11: Und ganz ähnlich das Ergebnis der älteren Schülerinnen und Schüler: »Der Mensch vergleicht sich mit anderen. Dieser Prozess verläuft andauernd und meist nicht bewusst. Er möchte insgesamt das Bedürfnis nach Gleich- oder Höherwertigkeit erfüllt sehen. Bei Auslösern von Schadenfreude kompensiert er für einen kurzen Moment eine von ihm empfundene Minderwertigkeit.«[82]

Was die Schülerinnen und Schüler herausgefunden haben, kann sich meines Erachtens durchaus neben dem sehen lassen, was Meister Nietzsche formuliert hat.

Für Oberstufenkurse, die kniffelige Fragen zu knacken bereit sind, könnte die Analyse einer Zusammenstellung von zum Teil in

---

82 Dieses Ergebnis ist in K. Blesenkemper, »Neosokratisches Denkerlebnis: ›Schadenfreude‹« versehentlich *nicht* abgedruckt.

sich unstimmigen Texten von Aristoteles zu Neid und Schadenfreude sowie angrenzenden Gefühlen wie Mitleid und »Nemesis«[83] eine reizvolle Untersuchungsaufgabe sein.

---

83 Entsprechende Texte aus den drei Ethiken des Aristoteles und seiner *Rhetorik* sind zusammengestellt und kommentiert in: K. Blesenkemper, »Aristoteles: Neid und Schadenfreude«.

Bernd Rolf und Brigitte Wiesen

Bildung durch Bilder – Zur Didaktik und Methodik des bildlichen Denkens[1]

> »»Er sah mich mit einem eigentümlichen Lächeln an.‹ Mit was für einem? – Zur Antwort muß ich vielleicht sein Gesicht zeichnen.«
>
> Ludwig Wittgenstein[2]

1. Bilder als Mittel zur Förderung eigenständigen Denkens

Wittgensteins Bemerkung weist hin auf einen Vorzug des Bildlich-Anschaulichen gegenüber dem Sprachlich-Diskursiven. Die Eigentümlichkeit eines Phänomens lässt sich mit Hilfe der Sprache nur schwer mitteilen, dagegen ohne Probleme bildlich-anschaulich darstellen (wie etwa ein Hinweis auf das berühmte Lächeln von da Vincis *Joconde* (Mona Lisa) jedermann einsichtig machen kann. Worin diese Eigenart des bildlich-anschaulichen Denken besteht und wie

---

1 Der erste Teil des Aufsatzes wurde von Bernd Rolf verfasst, der zweite Teil von Brigitte Wiesen.

2 Ludwig Wittgenstein, *Letzte Schriften über die Philosophie der Psychologie, Werkausgabe*, Bd. 7, Frankfurt/M. 1984, Nr. 377, 401.

sie für philosophische Bildungsprozesse fruchtbar gemacht werden kann, soll im Folgenden genauer untersucht werden.[3]

Pictorial turn – Niedergang des diskursiven Denkens?

Wer vom Wert von Bildern für die philosophische Bildung spricht, dem schlägt Skepsis entgegen. Wer die These aufstellt, dass Bilder geeignete Medien des Philosophieunterrichts sind, der muss sich mit der Gegenthese auseinandersetzen, dass es angesichts der Bilderflut, denen Jugendliche nach der visuellen Zeitenwende tagtäglich ausgesetzt sind, nicht angeraten ist, Bilder auch noch im Unterricht zu behandeln. *Pictorial turn* ist ein »Sprachbild«, das 1994 von Tom Mitchell geprägt wurde und sich in zahlreichen Variationen wiederfindet.[4] Damit soll zum Ausdruck gebracht werden, dass

Leonardo da Vinci, *Mona Lisa* (1503-1505), Paris, Louvre

---

3   Schon die Etymologie gibt einen Hinweis darauf, dass beide Wörter miteinander verwandt sind. Das althochdeutsche »bilidi«, seit dem elften Jahrhundert bei Notker belegt, bedeutet: »einer Sache Gestalt und Wesen geben«, gemeint ist zunächst der Grafiker und Maler, der seinen Vorstellungen im Bild sichtbare Gestalt verleiht. Seit dem achtzehnten Jahrhundert wird dieser Begriff auf den Pädagogen übertragen: Er bildet im Educandus die Idealvorstellung eines geistigen Menschen heraus (vgl. *Duden Etymologie*, Mannheim 1989).

4   William J. Thomas Mitchell, *Picture Theory. Essays on Verbal and Visual Representation*, Chicago 1994. Gottfried Boehm (*Was ist ein Bild?*, München 1994) spricht vom *iconic turn*, Norbert Bolz (*Am Ende der Gutenberg-Galaxis*, München 1995) vom *Ende der Gutenberg-Galaxis*, Horst Bredekamp (»Im Königsbett der Kunstgeschichte«, *Die Zeit* v. 06.04.2005) von der *Hegemonie der Bilder*.

Bilder in der kurzen Zeitspanne, seit sie laufen lernten – nicht zuletzt
bedingt durch die explosionsartige Entwicklung des Fernsehens –
»eine Autorität über die Vorstellungskraft gewonnen haben, die das
gedruckte Wort gestern hatte und das gesprochene davor.« Der Me-
dienwissenschaftler Siegfried Frey prognostiziert, dass »der techno-
logische Fortschritt im Bereich der Bewegtbildkommunikation [...]
diesen Trend noch so sehr verstärken [wird], dass die Balance zwischen Auge und Ohr im Kommunikationsprozess sich immer mehr
in Richtung auf das Visuelle verschiebt«.[5]
Mit der zunehmenden Expansion der Bildmedien geht ein steigender
Konsum dieser Medien bei heutigen Kindern und Jugendlichen ein-
her. Sie wachsen in einem soziokulturellen Umfeld auf, in dem visuellen bzw. audiovisuellen Medien (Fernseher, Videorecorder, Com-
puter, Digitalkamera, Fotohandy) dominieren und das visuelle Wahrnehmen hypertroph geworden ist. Aneignungs- sowie Kommunika-
tionsweisen, die Kinder und Jugendliche im Prozess des kulturellen
Wandels gegenwärtig entwickeln, sind demzufolge in hohem Maße
durch Bilder geprägt und entsprechend weniger durch die Sprache.
Der Münchener Hirnforscher Ernst Pöppel konstatiert auf Grund empirischer Untersuchungen: »Die Informationsverarbeitung in den Ge-
hirnen junger Menschen, die weniger sprachliche und dafür umso
mehr bildliche ›Nahrung‹ zu sich nehmen, geschieht anders, es finden andere strukturelle Prägungen statt.«[6] Das Vorrücken des Bildes
birgt mithin die Gefahr der Verkümmerung der Sprache und damit
des diskursiven und reflexiven Denkens.

Welche Bedeutung hat diese Entwicklung für den Unterricht?
Konsequenz aus dem *pictorial turn* im Sinne einer *kompensatori-
schen Erziehung* wäre, Bilder aus der Schule zu verbannen und den
Unterricht ausschließlich sprachlich-diskursiv auszurichten, philosophische Texte zu interpretieren, philosophische Gespräche zu führen, philosophische Essays zu schreiben usw. Eine solche Auffassung, die davon ausgeht, das Bild sei das Andere des Begriffs, ver-
kennt indessen, dass Bildwahrnehmung schon eine *ursprüngliche
Form des Begreifens* darstellt. Darauf haben Susanne Nordhofen u.a.

---

5 Siegfried Frey, *Die Macht des Bildes*, Bern 1999, 9.
6 Ernst Pöppel, »Auf der Suche nach der Landkarte des Wissens«, http://www.
   heise.de/tp/deutsch/Inhalt/co2651.html.

in Rückgriff auf die Philosophie der symbolischen Formen Ernst Cassirers und seiner Schülerin Susanne Langer aufmerksam gemacht.[7]

Bildwahrnehmung als ursprüngliche Form des Begreifens

Nach Cassirer ist die Symbolisierung die wesentliche Tätigkeit des menschlichen Geistes. Symbolische Deutung ist indessen nicht auf das Verstehen von sprachlich artikulierten Begriffen beschränkt, sondern umfasst unter anderem auch das Wahrnehmen von Bildern. Tiere können Symbole nicht deuten, daher sehen sie auch keine Bilder. Ein Hund beispielsweise, der zwar auf eine bewegungslose Katze reagiert, die er durch ein Fenster erspäht, ist nicht in der Lage, die bildliche Darstellung einer Katze als Katze zu »erkennen«; die farbige Leinwand vermittelt ihm nicht die entsprechende Vorstellung. Das Auge nimmt bei seiner Tätigkeit bereits Abstraktionen vor, indem es aus der Komplexität der es umgebenden Welt bestimmte Formelemente selektiv herausgliedert und *als etwas* deutet. Diese Deutung einer bildlichen Darstellung stellt eine ursprüngliche Form des Begreifens dar.

Susanne Langer hat in diesem Zusammenhang zwischen *diskursiven* und *präsentativen* Ausdrucksformen des menschlichen Geistes unterschieden. Philosophische Vorstellungen entstehen nicht erst im diskursiven Vernunftdenken, sondern gehen ihm in der begrifflichen Deutung präsentativer Ausdrucksformen, z.B. in der Deutung von Mythen, Kunstwerken etc., voraus. Die präsentativ-begrifflichen Prägungen sind das Ausgangsmaterial für spätere diskursiv-begriffliche Prägungen, aber die präsentativ-begrifflichen Prägungen lassen sich nicht restlos sprachlich-diskursiv übersetzen. Letzteres macht die Offenheit eines Kunstwerkes aus.

So gesehen, können Bilder einen großen Wert für philosophische Bildungsprozesse haben. Sie sollten nicht aus dem Unterricht verbannt werden, vielmehr sollte man das in ihnen liegende didaktische Potential nutzen. Dieses ist nicht nur im motivationalen Bereich zu

---

7   Susanne Nordhofen, »Didaktik der symbolischen Formen«, in: *Zeitschrift für Didaktik der Philosophie und Ethik* 20:2 (1998), 127 ff.

sehen – mit dem Medium des Bildes findet man bei heutigen Jugendlichen auch dort einen Zugang, wo die verbale Sprache auf Ablehnung stößt –, sondern vor allem in der Möglichkeit, *eigenständiges Denken* zu fördern. Das möchte ich im folgenden in Anlehnung an den Begriff des *creative thinking* genauer ausführen.

Mimetisches und kreatives Denken im Philosophieunterricht

Die neuere Kreativitätsforschung hatte ihren Ursprung in den fünfziger Jahren in den USA. Damals entdeckten Psychologen, dass die bis dahin entwickelten Intelligenztests keine Aussagen darüber machten, wie schöpferisch (*creative*) ein Mensch ist, und sie begannen zwischen Intelligenz als zu erwartender und unerwarteter, schöpferischer Leistung zu unterscheiden. Seitdem sind eine ganze Reihe von allgemeinen Techniken des *creative thinking* entwickelt worden wie Brainstorming, Checklisten-Verfahren, Clustering, Mind-Mapping, Synektik.[8]

Obwohl der Begriff der Kreativität an seinem Rand Unschärfen aufweist (in Abgrenzung etwa gegen Originalität, Phantasie, Inspiration usw.), kann man als Kern dieses Begriffs festhalten: »Kreativität ist die Fähigkeit von Menschen, […] Produkte oder Ideen hervorzubringen, die in wesentlichen Merkmalen neu sind und ihrem Schöpfer vorher unbekannt waren.«[9] Diese Definition lässt offen, ob das Neue, um das es geht, für die Menschheit neu ist (wie etwa Einsteins spezielle Relativitätstheorie für die Menschheit neu war), oder für das jeweilige Subjekt neu ist. Es versteht sich, dass es in der Schule nicht um Menschheitsinnovationen gehen kann; daher wird sich kreatives Denken im Unterricht auf die Fähigkeit des Subjekts beschränken, etwas hervorzubringen, das ihm selbst vorher unbe-

---

8   Vgl. Gary A. Davis »Übung der Kreativität im Jugendalter«, in: Günther Mühle und Christa Schell (Hg.), *Kreativität und Schule*, München 1970, 103-115, 107 ff; vgl. auch http://de.wikipedia.org/wiki/Kreativitätstechnik.

9   Volker Bugdahl, *Kreatives Problemlösen im Unterricht*, Berlin 1995; zitiert nach   http://www.learn-line.nrw.de/angebote/lakonkret/~Kreativität   (Hartwig Dohnke).

kannt war – in der Hoffnung, dass es dadurch die Kompetenz erwirbt, irgendwann auch im objektiven Sinne kreativ zu sein.

Um die Bedeutung von Kreativität im Philosophie- und Ethikunterricht genauer zu klären, soll kreatives Denken im Folgenden von mimetischem Denken unterschieden werden. Mimetisches Denken hält Schülerinnen und Schüler dazu an, darüber *nach*zudenken, was andere *vor*gedacht haben, sich auf dem Wege des Nachvollzugs etwas anzueignen, was andere schon wissen. Dabei ist der Weg der Einsicht – in der Regel in Form eines Textes – stringent und lückenlos von anderen vorgezeichnet. Eine andere Form des Lernens besteht darin, dass man die Schüler/innen auffordert, aus anschaulich gegebenen Daten selbst die Lösung für ein Problem zu suchen. Dieser Weg enthält eine Lücke, die nur durch eigenes Denken geschlossen werden kann; die Schüler/innen müssen die Lösung selbst entdecken; sie sind angehalten, kreativ zu sein.

So verstanden besteht Kreativität im Philosophieunterricht in dem, was Kant »selbst [...] denken« genannt hat.[10] Wie ein Maler schöpferisch tätig ist, indem er ein Gemälde hervorbringt, so kreiert der Philosoph Ideen und Ideensysteme. Im Philosophieunterricht können die Verfahren kreativ genannt werden, die Schülerinnen und Schüler dazu anleiten, eigenständig Ideen zu produzieren, die Lösungen von philosophischen Problemen darstellen oder Antworten auf philosophische Fragen geben. Die neuere Unterrichtsforschung spricht hier von »selbst-initiiertem Lernen«[11] Dieses steht in einem Spannungsverhältnis zu Texterschließungsprozessen, die auf eine Rekontruktion des Lehrerwissens hinauslaufen.[12]

Voraussetzungen für kreatives Denken

Kreativität zielt auf Neues, Unerwartetes. Sie ist mithin nicht direkt lehrbar. Der Lehrer oder die Lehrerin kann lediglich die Vorausset-

---

10 Immanuel Kant, *Logik*, A 84.
11 Ralph J. Hallman. »Techniken des kreativen Lernens«, in: G. Mühle u. C. Schell (Hg.), *Kreativität und Schule*, a.a.O.. 175-180, hier: 177.
12 Vgl. hierzu auch Christian Gefert, *Didaktik theatralen Philosophierens*, Dresden 2002, 130 f.

zungen dafür schaffen, Kreativität stimulieren. Eine wesentliche
Voraussetzung ist nach dem oben Gesagten das *Selbst-Denken*.
Auch eine zweite Bedingung wurde bereits genannt: *Offenheit* im
Sinne von Nicht-Abgeschlossenheit. Erst das Vorhandensein von
Lücken fordert in Verbindung mit einem Problem das eigenständige
Denken erst heraus.

Weitere Bedingungen ergeben sich mit Blick auf das folgende
Stufenmodell der kreativen Produktion nach Guilford:[13]

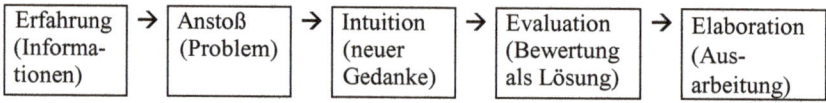

Demnach sind schöpferische Einfälle das Ergebnis *intuitiven Denkens*. Bevor sie im diskursiven Denken weiter ausgearbeitet (elabo-
riert) werden, müssen sie als Lösung von Problemen bewertet (eva-
luiert) worden sein, die dem intuitiven Denken als Anstoß gedient
haben.

Wichtig ist in diesem Zusammenhang der *Erfahrungsbezug*. Um
innovative Gedanken hervorzubringen, muss der Zusammenhang
dessen, was als problematisch erscheint und einer Lösung zugeführt
werden soll, anschaulich gegeben sein. Dies entspricht dem Kanti-
schen Diktum, dass der »natürliche Fortschritt der menschlichen Erkenntnis« darin besteht, »daß sich zuerst der Verstand ausbildet, indem er durch Erfahrung zu anschauenden Urteilen und durch diese
zu Begriffen gelangt, daß darauf diese Begriffe in Verhältnis mit
ihren Gründen und Folgen durch Vernunft und endlich in einem
wohlgeordneten Ganzen vermittelst der Wissenschaft erkannt werden«.[14] Anschaulich gegebene Informationen bilden sozusagen das
Ausgangsmaterial schöpferischer Einfälle.

---

13 Joy Paul Guilford, »Grundlegende Fragen bei kreativitätsorientiertem Lehren,
    in: G. Mühle u. C. Schell (Hg.), *Kreativität und Schule*, a.a.O. 139-164; 148 f.
14 Immanuel Kant, »Nachricht von der Einrichtung seiner Vorlesungen in dem
    Winterhalbenjahre 1765/66«, in: ders., *Werke in zehn Bänden*, hg. v. Wilhelm
    Weischedel, Bd. 2, Darmstadt 1983, 907.

Dies wird inzwischen auch durch die empirische Forschung bestätigt. Aus Neurophysiologie und kognitiver Psychologie ist bekannt, dass die beiden Hemisphären des Gehirns unterschiedliche Leistungen vollbringen. Die linke Hemisphäre kann als Sitz des *sprachlich-diskursiven, rationalen Denkens* bezeichnet werden; von hier aus werden logische Operationen, sprachliche Äußerungen usw. gesteuert. Die rechte Hemisphäre ist der Sitz des *anschaulich-imaginativen* und *intuitiven Denkens*; sie hat es unter anderem mit räumlichem Vorstellen, Emotionen und Intuitionen zu tun. Zwischen beiden unterschiedlich spezialisierten Hinhälften laufen interdependente, wechselseitig sich ergänzende Denkprozesse ab. Auch an innovativen Lösungen sind beide Hemisphären, mithin auch das anschaulich-imaginative Denken maßgeblich beteiligt. Den Beobachtungen der Kreativitätsforschung zufolge bahnen sich Erfindungen und Entdeckungen vielfach in intuitiver, anschaulich verdichteter Form ihren Weg – sie kündigen sich unvorhergesehen in mentalen Bildern der rechten Hemisphäre an, die in der linken Hemisphäre in diskursive Denkschritte und Schlussfolgerungen übersetzt werden.[15]

Untersucht man den Unterschied zwischen begrifflich-diskursivem der linken und anschaulichem Denken der rechten Hemisphäre genauer, so ergibt sich Folgendes: Wörter lassen in ihrer sprachlichen Verwendung nur eine *lineare Ordnung* zu. Sprache ist stets sukzessiv; sie kann gleichzeitig gegebene Elemente nur in einem zeitlichen Nacheinander wiedergeben. Demgegenüber hat die Anschauung den Vorzug, dass sie simultan Gegebenes auch *simultan* repräsentieren kann. Susanne Langer hat diesen Unterschied mit der Aufreihung übereinander getragener Kleidungsstücke auf einer Wäscheleine verglichen.[16] Die diskursive Ausdrucksform besteht darin, dass ein *synchron* wahrgenommenes Ereignis (d.h. die übereinander getragenen Kleidungsstücke) *diachron* (d.h. in kleinen Einheiten nacheinander wie auf einer Wäscheleine) dargestellt werden.

Aus dieser sequentiellen Ordnung von deutlich getrennten Einheiten gewinnt das diskursive Denken seine *analytische Funktion*. Simultane Repräsentation ist dagegen stets *ganzheitliche, integrale*

---

15 Vgl. Martin Zülch, *Die Welt der Bilder*, Hannover 2001, 6 (BDK-Materialien, 7).

16 Vgl. C. Gefert, *Didaktik theatralen Philosophierens*, 92.

Darstellung, in der die Gesamtheit von Bezügen des Vorgestellten aufscheint. Diese Ganzheitlichkeit in der Repräsentation begünstigt das intuitive Denken, das Auftauchen neuer, bisher nicht beachteter Bezüge.

Förderung kreativen Denkens durch Bilder

Nach den bisherigen Ausführungen lässt sich leicht erkennen, inwiefern sich bildliche Darstellungen zur Förderung kreativen Denkens eignen.

- Bilder sind anschaulich, d.h. sie vermitteln eine *Erfahrungsgrundlage*, auf der das begriffliche Denken aufbauen kann.
- Durch ihre jeweils spezifische Gestaltung stellen sie Kristallisationspunkte dar, die unseren Blick auf bestimmte Erfahrungen richten, aus denen sich leicht *Fragen* oder *Probleme* gewinnen lassen.
- Sie zeichnen sich durch *Offenheit* aus, sie sind nicht restlos semantisierbar. D.h. sie fokussieren unsere Aufmerksamkeit auf sprachlich-diskursiv formulierbare Fragen oder Probleme, beantworten bzw. lösen sie aber nicht. Dies ist die Leerstelle, die Kreativität herausfordert.
- Die Lösung ist nicht vorgegeben, die Leerstelle lässt sich nur durch eigenständiges Denken schließen; d.h. Bilder stellen Aufforderungen zum *Selbst-Denken* dar.
- Bilder sprechen die rechten Hemisphäre des Gehirns an, stehen mithin in enger Verbindung mit dem *intuitiven Denken*.
- Intuitive Lösungen von Problemen werden begünstigt durch die *Simultaneität* und *Ganzheitlichkeit* des bildlich Gegebenen; hier können Bezüge zwischen verschiedenen Aspekten des Gegebenen aufscheinen, die bisher nicht beachtet wurden und insofern innovativ sind.
- Die sich in mentalen Bildern keimhaft angelegten Gedankenverbindungen lassen sich in *diskursive Denkschritte* und Schlussfolgerungen übersetzen, im Hinblick auf ihren Wert zur Lösung des Problems *beurteilen* und zu einem kohärenten Modell *ausarbeiten*.

Als Beispiel dafür, wie Bilder die Produktion eigener Gedanken fördern können, sei hier das Gemälde *Der Prophet* des britischen Malers Tony Beavan (*1951) erwähnt. Es kann im Kontext einer Unterrichtsreihe über Freiheit stehen. Das Bild fokussiert den Blick der Schülerinnen und Schüler auf zwei Gegenstände, nämlich eine Schere in Höhe des Kopfes und Handschellen. Es enthält insofern eine Leerstelle, als nicht auf den ersten Blick klar ist, wie beide Gegenstände zusammenpassen. Ge-

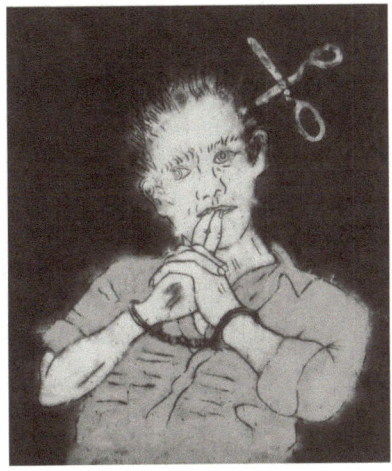

Tony Beavan, *Der Prophet*

nau da kann der Unterricht ansetzen. Die Schüler werden gebeten, sich in die angebildete Person hineinzuversetzen und zu beschreiben, was die Handschellen für sie bedeuten und was sie mit der Schere am Kopf verbinden. Dabei können sie an ihre persönlichen Erfahrungen anknüpfen, ihre Gefühle und Intuitionen einbringen. Von hier aus lässt sich in einem zweiten Schritt ein Verständnis von Handlungsfreiheit und Meinungsfreiheit, ferner von Gedankenfreiheit und Willensfreiheit gewinnen und nahezu das gesamte Gebäude der philosophischen Ideen erstellen, die sich mit dem Begriff *Freiheit* verbinden. Dieses Verfahren hat gegenüber der sprachlich-diskursiven Einführung dieser Ideen durch einen philosophischen Text (etwa einem Auszug aus Schopenhauers *Preisschrift über die Freiheit des Willens*) den Vorteil, dass die Begriffe auf dem Wege eigenständigen Denkens gewonnen wurden und mit persönlichem Erleben und persönlicher Bedeutsamkeit verbunden sind.

Die Beispiele ließen sich nahezu beliebig vermehren. Einen Überblick über Kunstbilder, die für den Ethikunterricht in der Sekundarstufe I und II geeignet sind, gibt die Sammlung *Ethik im Bild*.[17] In Frage kommen aber nicht nur künstlerische Darstellungen,

---

17 Jörg Peters u. Bernd Rolf, *Ethik im Bild. Folienmappe zu Ethik aktuell*, Bayreuth 2003.

sondern alle Arten von Bildern, Karikaturen, Fotos, auch bewegte
Bilder, also Filme. So könnte zum Beispiel eine Unterrichtseinheit
zum Thema *Arbeit* damit beginnen, dass man Schülern die berühmte
Fließbandarbeit-Szene aus Charlie Chaplins *Moderne Zeiten*[18] zeigt
und ihr einen Filmausschnitt gegenüberstellt, der einen Künstler bei
seiner Arbeit zeigt.[19] Daraus lassen sich philosophischen Gedanken
über unterschiedliche Formen von Arbeit (entfremdete, schöpferische Arbeit etc.) und die Bedeutung von Arbeit für den Menschen
(Lebensunterhalt, Selbstverwirklichung etc.) gewinnen, die Schüler
unmittelbar mit ihrer Lebenswelt in Verbindung bringen können.

Texteröffnung durch Visualisierung

Was bis hierher beschrieben wurde, ist Kreativität als der Übergang
vom anschaulichen Vorstellen zum sprachlich-diskursiven Denken.
Helmut Engels hat diesen Weg als Heuristik[20] bezeichnet, das Auf-
finden von philosophischen Gedanken und Lösungen durch intuiti-
ves Denken. Dabei markiert das Bild den Anfang und der Gedanke
den Ende des Weges.

Aber auch der *umgekehrte* Weg ist möglich. Kreativität kann
auch im Übergang vom sprachlich-diskursiven Denken zum anschaulichen Vorstellen bestehen. Sie bezeichnet dann nicht den
Weg, wie jemand zu *Gedanken kommt*, sondern wie jemand sich
vorhandene Gedanken aneignet, z.B. im Prozess des Textverstehens.
Christian Gefert hat in diesem Zusammenhang Susanne Langers Unterscheidung zwischen *diskursiven* und *präsentativen* Ausdrucksformen weiterentwickelt.[21] In seinen Überlegungen steht die theatrale
Ausdrucksform im Vordergrund; mitgemeint ist aber auch z.B. das
Bild als präsentative Ausdrucksform. Präsentativ-bildliche Symboli-

---

18 Originaltitel: *Modern Times*, USA 1936.
19 Institut für Bild und Film in Wissenschaft und Unterricht, *Zur Kunst der Ge-
    genwart*, Grünwald o.J.
20 Helmut Engels, »Heuristik oder: Wie kommt man auf philosophische Gedan-
    ken?«, in: Johannes Rohbeck (Hg.), *Methoden des Philosophierens*, Dresden
    2000, 46-75.
21 C. Gefert, *Didaktik theatralen Philosophierens*, 96 ff.

sierung kann im Unterricht dazu verhelfen, dass Schülerinnen und
Schüler sich einen abstrakten Gedanken in einem möglichst kon-
kreten Bezug darzustellen, ihn mit individuellen lebensweltlichen
Erfahrungen in Verbindung zu bringen. Erst dadurch gewinnt der
Gedanke für sie Bedeutung, erst dadurch kommt es zur Aneignung
des Gedankens. Andernfalls hätte der Unterricht nur das propositio-
nale Wissen des Schülers vermehrt, was Gefert in die Metapher des
Midas-Effektes kleidet.[22]

Insofern lässt sich die bildliche Präsentation didaktisch sinnvoll
beim Verfahren der *Texteröffnung* einsetzen. Nachdem Schülerinnen
und Schüler einen Text gelesen haben, kann es hilfreich sein, dass
sie zunächst ihr Verständnis des Textes in einem kreativen Prozess
visualisieren, bildlich darstellen, um sich in einem zweiten Zugriff
die Momente dieser simultanen Darstellung sprachlich diskursiv und

analytisch anzueignen. Auch hier
liegt das didaktische Potenzial
des Bildes in einer Transforma-
tionsleistung, in einer Vermittlung zwischen anschaulich-intui-
tivem und sprachlich-diskursi-
vem Denken.

Zur Veranschaulichung möchte
ich wiederum ein Beispiel aus
einer Unterrichtsreihe zum Thema Freiheit anführen. Unter-
richtsziel sei die Erarbeitung eines Verständnisses von Willens-

Illustration der Freiheit

freiheit auf dem Wege einer Problematisierung des sogenannten *har-
ten Determinismus*. Die deterministische Position soll an einem Text
John Hospers' verdeulicht werden, der ausgehend vom Kausalprin-
zip menschliche Freiheit als Illusion behauptet.[23] Um sich diese Po-

---

22 Christian Gefert, »Denken ohne Midas-Effekt. Philosophische Bildung jenseits
    der Proposition«, in: *Zeitschrift für Didaktik der Philosophie und Ethik* 26:2
    (2004), 108-114.

23 John Hospers, *An Introduction to Philosophical Analysis*, London 1970, Aus-
    zug in: Winrich de Schmidt, *Kurs Philosophie*, Bd. 4: *Handeln und Beurteilen*,
    Düsseldorf 1983, 29 f.

sition anzuzeigen, erhalten die Schülerinnen nach der Textlektüre den Arbeitsauftrag, die Position Hospers' zu visualisieren. In der hier abgebildeten kreativen Arbeit einer Schülerin sind die Grundelemente des Textes erkennbar: einerseits die determinierenden Faktoren in Form von Linien und Pfeilen, andererseits die Blindheit des Subjekts für diese determinierenden Faktoren, so dass die Willensfreiheit als Illusion erscheinen muss. Diese Elemente der bildlichen Gestaltung lassen sich im folgenden Unterrichtsgespräch mit Erlebnissen der Schülerinnen und Schüler verbinden und in einem weiteren Schritt sprachlich-diskursiv analysieren. Der Gewinn dieses Verfahrens besteht darin, dass die Schülerinnen und Schüler dadurch, dass sie Schlüsselbegriffe bildlich präsentiert haben, sich diese Begriffe angeeignet haben, dass diese für sie selbst bedeutsam geworden sind in einer Weise, die ein rein sprachlich-diskursiver Umgang mit den Begriffen *Kausalität* und *Freiheit* nicht erzielt hätte.

Das Verfahren der Visualisierung eignet sich nicht nur zur Texteröffnung, sondern leistet auch gute Dienste im textfreien Unterrichtsgespräch. Helmut Engels hat an anderer Stelle an einem Beispiel gezeigt, wie Schüler sich abstrakte philosophische Gedanken, etwa den Gedanken der Selbstbeherrschung, durch Visualisierung angeeignet und verständlich gemacht haben (etwa in Gestalt eines Zwitterwesens zwischen Reiter und Pferd, das sich selber zügelt und lenkt).[24]

Indem Schülerinnen und Schüler philosophische Gedanken nicht nur äußerlich nachzuvollziehen, sondern sie sich in der beschriebenen Weise aneignen oder gar eigenständig und kreativ denken, entdecken sie Philosophieren als Mittel, ihre eigenen Fragen und Probleme zu klären und ein klareres Bild von sich selbst zu gewinnen. Bilder können die Möglichkeiten und Sichtweisen von Schülern und Schülerinnen erweitern, sie sich selbst neu und anders erfahren lassen. Der bildende Gehalt der Bilder zeigt sich nicht zuletzt in solcher Selbst-Bildung.

---

24 H. Engels, »Heuristik oder: Wie kommt man auf philosophische Gedanken?«, 71.

2. Wie man mit Bildern eigenständig philosophieren kann

Bilder im Lernprozess des Philosophie- und Ethikunterrichts

Folgt man den Argumentationen von Langer und Gefert, dass künstlerisch-präsentative Ausdrucksformen »besonders gut dazu geeignet sind, die Morphologie eines Gefühls zum Ausdruck zu bringen und das Gefühl [...] Ausdruck der Deutungskompetenz des Menschen ist, kann und muss diesen Ausdrucksformen ein legitimer Ort zugestanden werden.«[25] In diesem Sinne gilt auch: Werden Kunstwerke als Medien des Verstehens im Philosophie- und Ethikunterricht eingesetzt, kann auch die Erarbeitung des künstlerischen Symbolismus eines Bildes als »Ausdruck eines philosophischen Bestrebens nach artikulierten Bedeutungen angesehen werden.«[26]

Will man das Potential von Bildern als präsentative Ausdrucksform[27] für den Philosophie- und Ethikunterricht nutzen, bedarf es einer für die Philosophie typischen Vorgehensweise.

Bilder »begreifen« – das Fünf-Finger-Modell

Berücksichtigt man die Transformationen philosophischer Denkrichtungen in Methoden des Philosophieunterrichts,[28] wie sie Johannes Rohbeck hat, und bezieht gleichzeitig die Erfahrungen, die Ekkehard Martens[29] ausgehend von der sokratischen Methodenpraxis und der aristotelischen Methodenreflexion beim Philosophieren mit Kindern und Jugendlichen machen konnte, steht für den Einsatz von Bildern

---

25 C. Gefert, *Didaktik theatralen Philosophierens*, 99.
26 Ebd.
27 Susanne K. Langer, *Philosophie auf neuem Wege*, Frankfurt/M. 1984, 86 ff.
28 Eine gut lesbare Einführung in die Denkrichtungen der Philosophie findet man in: *Zeitschrift für Didaktik der Philosophie und Ethik* 22:2 (2000), hg. v. Johannes Rohbeck, dort insbesondere: Johannes Rohbeck, »Didaktische Potentiale philosophischer Denkrichtungen«, 82-93.
29 Vgl. z.B. Ekkehard Martens, »Philosophische Methodenkompetenz – von Kindheit an«; *Mitteilungen des Fachverbandes Philosophie* 45 (2005).

im Philosophie- und Ethikunterricht ein Spektrum fünf elementarer Methoden zur Verfügung; Ekkehard Martens nennt es das »Fünf-Finger-Modell«.

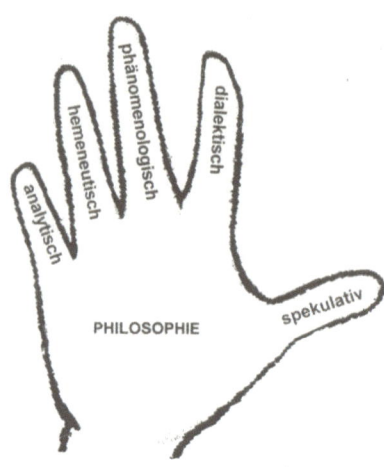

»Fünf-Finger-Modell« (Martens)

Mit diesem Modell lassen sich philosophische Probleme in Unterricht begreifen. Dabei sind die verschiedenen Unterrichtsmethoden jeweils Aspekte / »Finger« der gesamten Methoden – Hand, wenn es gilt, Reflexionshandlungen zu beschreiben. Dabei lassen sich in der Praxis die einzelnen Methoden selten sauber trennen. Bei der praktischen Arbeit ist die Reihenfolge der fünf methodischen »Finger« demnach nicht starr vorgegeben; sie wird sich durch das Bild und seine Bearbeitung entwickeln. Es kommen immer wieder Mischformen und Überschneidungen vor.

Es lassen sich »die verschiedenen Methoden ebenso wenig wie die verhandelten Probleme selbst nicht voneinander isolieren, sondern sind lediglich Akzente oder einem Bild gesprochen, Finger der gesamten Methoden – Hand.«[30]

Auch wenn für die einzelnen Methoden nicht immer eine trennscharfe Unterscheidung möglich ist, ist es dennoch sinnvoll, die einzelnen methodischen Schritte zu unterscheiden, um die einzelnen Unterrichtsschritte auch methodisch zu strukturieren.

Beim *phänomenologischen Zugang* gilt es, das Bild genau zu beobachten und differenziert zu beschreiben, was man wahrnimmt. Dabei sprechen die Symbole des Bildes den Betrachter mit seinen Sinnen unmittelbar an. Das Gesehene wird mit der eigenen Vorstellungswelt verbunden, die abhängig ist von Wissen und Erfahrung des Betrachters. Er kombiniert, erinnert sich und assoziiert. Beim

---

30 Ebd., 16.

Betrachter findet eine Perzeptbildung – als Resultat des subjektiv erfahrenen Wahrnehmungsprozesses – statt. Die individuelle Wahrnehmung ist die Grundlage für weiterführendes Verstehen und Erkenntnis.

Beim *analytischen Zugang* geht es um die Erfassung der Bildbestandteile und die Untersuchung der Bildgestaltung. Der Betrachter muss für sich die folgenden Fragen beantworten: Was ist dargestellt? Wie ist das Bild gestaltet? Die Flut der Eindrücke wird systematisiert. Symbole werden in ihren inhaltlichen Kontext eingeordnet. Form und inhaltliche Struktur des Bildes werden erschlossen. Strukturmerkmale werden miteinander verknüpft und bilden anschließend die Grundlage für eine Interpretation. Begriffe und Argumente werden während der Analyse des Bildes immer differenzierter formuliert.

Der *hermeneutische Zugang* zielt auf die Deutung des Bildes als Aussage von Gedanken. Es geht darum, den Sinnzusammenhang aus dem Bild in die eigene Welt und in diskursive Ausdrucksformen zu übertragen. Die Bedeutung der Bildelemente in ihrem kulturellen Kontext wird untersucht. Die symbolischen Elemente werden durch ihre Beziehungen innerhalb des Ganzen verstanden. An dieser Stelle bringt der Betrachter sein kulturell und philosophisch vorgeprägtes Wissen ein. Diese Zusatzinformationen werden hinsichtlich ihrer Bedeutung für den Künstler, sein Werk und die Aussage des Werkes befragt. Dadurch wird die Bedeutungsdimension konkretisiert und die Gedanken des »Malerphilosophen«[31] werden offen gelegt.

Beim *dialektischen Zugang* wird durch die individuelle Entschlüsselung der Botschaft des Malers ein Diskurs hergestellt. Der Betrachter tritt ein in eine kritische Auseinandersetzung mit der Aussage des Bildes. Der Gegenstand des Nachdenkens wird in unterschiedlichen Bedeutungszusammenhängen diskutiert. Eigene und fremde Überzeugungen werden kritisiert, gerechtfertigt und modifiziert.

Der *spekulative Zugang* greift den Aspekt der innovativen, kreativen Auseinandersetzung mit dem Bild auf. Der Betrachter denkt weiter auf der Basis seines ganzheitlichen Zugangs zum Bild; er

---

31 Reinhard Brandt, *Philosophie in Bildern*, Köln 2000, 8.

führt neue Ideen ein. Dazu erfordert es im Sinne von Charles S. Peirce »Phantasie, Intuition oder Spekulation«.[32] Das »spekulative Moment als immanente Methode jedes innovativen Denkens«[33] weist den Weg zu neuen Ideen. Der Betrachter gewinnt eine eigene Position auf der Grundlage der kritisch – reflexiven Auseinandersetzung mit anderen Lehrmeinungen; er denkt den angestoßenen Gedanken selbst zu Ende und bezieht gegebenenfalls Position.

Guernica[34] – ein Kunstwerk als »Quelle der Einsicht«[35]

Pablo Picasso, *Guernica* (1937) New York, Museum of Modern Art

Versteht man die künstlerisch-präsentative Artikulation im Sinne von Susanne Langer und Christian Gefert als »Ausdruck eines iterativen Deutungsprozesses von Deutungen«,[36] gilt es, Bilder auf ihre artikulierten Bedeutungen hin zu befragen, beispielsweise mit dem Fünf-Finger-Modell von Ekkehard Martens.

---

32 Zitiert nach Ekkehard Martens, *Methodik des Ethik- und Philosophieunterrichts*, Hannover 2003, 94.
33 Ebd.
34 http://www.artchive.com/artchive/p/picasso/guernica.jpg.
35 Rolf Lachmann, Susanne K. Langer, *Die lebendige Form menschlichen Fühlens und Verstehens*, München 2000, 83.
36 Ebd.

Als Beispiel[37] sei das Bild *Guernica* von Pablo Picasso genannt.

Die *Guernica* war ein Auftragswerk der republikanischen spanischen Exilregierung für den Pavillon auf der Pariser Weltausstellung 1937. Die Bombardierung der baskischen Kleinstadt Guernica war für Picasso ausschlaggebend, gerade diese und keine andere Szene zu malen. Thema des Bildes ist die barbarische Vernichtung von Menschen durch Krieg und Terror.

1. Der erste Eindruck des Bildes wird dominiert von zusammenbrechenden Formen und liegenden Figuren. Menschen und Tiere stoßen Angstschreie aus, man meint sie hören zu können. Gewalt und Zerstörung sind gegenwärtig. Persönliche Assoziationen, Erinnerungen zu brutaler Gewaltanwendung und Entsetzen stellen sich ein. Die Wirkung, die von dem Monumentalbild ausgeht, ist beklemmend. Die Darstellung der Kriegsgräuel ist von überwältigender emotionaler Wirkung. Es wird auf eine ergreifende Weise eine Welt der Verzweiflung dargestellt. Der Tod, das Verbrechen, das Chaos und die Verwüstung sind überall.

2. Picasso gestaltet die Dekonstruktionsszene mit den gestalterischen Mitteln des Kubismus. Der Bildraum ist dreigeteilt mit einem flächig gestalteten Bildzentrum – einer Pyramide aus Figuren.

Das Bild wurde im spanischen Pavillon so exponiert, das die Betrachter von rechts nach links an der Guernica vorbeigehen mussten. Die einzelnen Elemente des Bildes konnten somit nacheinander erschlossen werden.

Rechts im Bild versinkt eine Frau in den Flammen eines brennenden Hauses. Im Hintergrund wird weißglühender Feuerschein durch ein Fenster sichtbar.

Am Fuß der Pyramide flüchtet eine Frauengestalt von rechts nach links durch das Bild. Oberhalb der fliehenden Frau ragen ein Kopf und der ausgestreckte Arm einer Frau in die Szene. In der Hand hält diese Frauengestalt eine Dochtlampe in der Hand, die die Pyramide aus Figuren zu beleuchten scheint.

Am Boden der Pyramide liegt ein in Teile geschlagener Krieger, eine abgetrennter Kopf, abgetrennte Arme, die linke Hand ist geöffnet, mit der rechten Hand umklammert er ein zerbrochenes Schwert;

---

37 Weitere geeignete Bilder finden sich beispielsweise in: R. Brandt, *Philosophie in Bildern.*

dahinter sprießt ein kleiner Ölzweig – ein Symbol auf Hoffnung? Die Bildmitte darüber wird eingenommen durch ein in Schmerzen verendendes Pferd, dessen Kopf die erlittenen Qualen und Leiden widerspiegelt. Die Spitze der Pyramide bildet die vorhin schon erwähnte Dochtlampe.

An linken Bildrand entdeckt der Betrachter eine schreiende Mutter mit ihrem toten Kind. Sie hebt den Kopf zum Stier im oberen linken Bildteil. Der wütend erregte Stier ist die einzige unverletzte Kreatur auf dem Bild.

Die Deckenlampe oberhalb der Pyramide mutet an wie eine degradierte Sonne, die die ganze Szene ins Licht setzt.

Die Bildinhalte stammen zum Teil aus Picassos eigener Ikonographie (Pferd, Stier, Lichtträgerin, Krieger). Die übrigen Motive symbolisieren das »reale« Geschehen (Mutter mit totem Kind, fliehende Frau, brennende Frau, Deckenlampe, Olivenreis, Speer, Vogel).

3. Die barbarische Vernichtung von Mensch und Tier durch Krieg und Terror wirft die Frage nach den Ursachen auf. Nur der Name des Bildes *Guernica* gibt einen Hinweis auf das Massaker am 26.4.1937. Die Darstellung selbst gibt keinen Hinweis auf die historische Situation. Insofern ist *Guernica* kein Historienbild im klassischen Sinne – sondern führt allgemein die Schrecken des Kriegs und des Völkermords vor Augen. Der historische Sachverhalt kann durch eine Zeitungsmeldung der Londoner Times vom 27.4.1937 erhellt werden. »Guernica, die älteste Stadt der baskischen Provinzen und das Zentrum ihrer kulturellen Tradition, wurde gestern Nachmittag durch einen Luftangriff der Aufständischen vollständig zerstört. Die Bombardierung der ungeschützten, weil hinter der Front liegende Stadt, dauerte genau eine dreiviertel Stunde. Während dieser Zeit warf ein starkes Geschwader von Maschinen deutscher Herkunft – Junkers- und Heinkel-Bomber sowie Heinkel-Jäger – über der Stadt pausenlos Bomben bis zu einem Gewicht von 500 Kilogramm ab. Gleichzeitig feuerten Jagdflugzeuge im Tiefflug mit Maschinengewehren auf die Einwohner, die sich in die Felder geflüchtet hatten. Ganz Guernica stand in kürzester Zeit in Flammen.«[38]

---

38   Zitiert nach Ingo F. Walther, *Picasso*, Köln 1999, 67.

4. Picasso vermittelt mit den ihm zur Verfügung stehenden künstlerischen Mitteln sein Entsetzen, seine Betroffenheit und Trauer, die die Bombardierung der Stadt Guernica in ihm auslösten. Er macht die Weltbevölkerung exemplarisch auf die Folgen eines mit modernen Technologien geführten Krieges aufmerksam (zum ersten Mal in der Geschichte wurde eine ganze Stadt durch einen Luftangriff systematisch zerstört) und fordert den Betrachter zu einer eigenständigen Auseinandersetzung mit dem Thema Krieg und Gewalt heraus. In sofern ist die *Guernica* ein Denk-Bild. Picasso selbst beschreibt seine künstlerische Haltung folgendermaßen: »Es ist mein Wunsch, Sie daran zu erinnern, dass ich stets davon überzeugt war und noch immer davon überzeugt bin, dass ein Künstler, der mit geistigen Werten lebt und umgeht, angesichts eines Konflikts, in dem die höchsten Werte der Humanität und Zivilisation auf dem Spiel stehen, sich nicht gleichgültig verhalten kann.« Picasso, Dezember 1937.[39]

Obwohl es für das Gemälde einen konkreten Anlass gab, ist die Botschaft Picassos verallgemeinerbar. Die Kriegssituation selbst ist nicht dargestellt – man sieht weder Waffen, noch Soldaten, noch Flugzeuge – nur ihre Wirkung. Es handelt sich nicht um eine Dokumentation, sondern um eine Verallgemeinerung der Geschehnisse, der die Verwendung universeller bildlicher Elementarformen Rechnung trägt. Die Anlässe können ausgetauscht werden. Die Szene könnte sich gleichermaßen in Hiroshima oder im Bürgerkrieg in Afghanistan abgespielt haben.

Insofern ist die Botschaft des Malers eine generelle. Picasso fragt nach der Sinnhaftigkeit von Krieg, Terror, Zerstörung – nach unserer Reaktion auf seine Darstellung der Apokalypse mit all ihren Grausamkeiten.

5. Die Botschaft, die Picasso in präsentativer Form übermittelt, spricht den Betrachter auf unterschiedlichen Ebenen (rational / emotional) an. Dieser setzt durch Deutung der Symbole sowie seiner Emotionen die Botschaft Picassos zusammen.

Der ganzheitliche Zugang ist offen angelegt; der Betrachter wird aufgefordert, Stellung zu beziehen, sich zur Botschaft zu verhalten.

---

39 Zitiert nach http://de.wikipedia.org/wiki/Guernica_%28Bild%29.

Guernica im Unterricht

Im Rahmen einer Unterrichtsreihe zum Thema Krieg und Frieden sind unterschiedliche Zugehensweisen möglich. Als Einstieg kann das Bild alleine oder in Kombination mit einem Augenzeugenbericht[40] im Sinne einer Bildmeditation eingesetzt werden.

Eine weitere Verwendungsmöglichkeit ist bei der Analyse des Begriffs Krieg denkbar. Im Sinne eines handlungsorientierten Umgangs mit dem Bild können Arbeitsgruppen Ausschnitte des Bildes bearbeiten und anschließend ihre Detailinterpretationen zu einer Gesamtanalyse zusammenfassen. Dabei bietet sich an, einzelne Szenen

---

40 »Ein Augenzeuge des Bombardements der kleinen Stadt Guernica schildert seine Eindrücke und Beobachtungen: Am späten Nachmittag des 26. April [...] Es war ein wunderbar klarer Tag, der Himmel war weich und klar. Wir kamen in den Vororten von Guernica gegen fünf Uhr an. In den Straßen war viel Betrieb, denn es war Markttag. Plötzlich hörten wir die Sirene, und wir bekamen Angst. Die Leute liefen in alle Richtungen davon und ließen alles stehen und liegen, um Schutz zu suchen, manche rannten auch in die Berge. Bald erschien ein feindliches Flugzeug über Guernica. [...] Direkt über dem Zentrum warf es drei Bomben ab. Kurz darauf sah ich sieben Flugzeuge, auf die sechs weitere folgten, dann kamen noch einmal fünf. Alle waren Junkers-Maschinen. Unterdessen war ganz Guernica von einer Panik ergriffen. [...] Die Flugzeuge kamen ganz tief angeflogen, sie waren höchstens zweihundert Meter hoch. [...] Unterdessen stürzten Frauen und Kinder und alte Männer getroffen nieder, wie Fliegen, überall sahen wir große Pfützen von Blut. Ich sah einen alten Bauern, der allein auf dem Feld stand: eine Maschinengewehrgabe tötete ihn. Mehr als eine Stunde blieben die achtzehn Maschinen in einer Höhe von wenigen hundert Metern über Guernica, und sie warfen Bomben auf Bombe. Von dem Lärm der Explosion und dem Geräusch der einstürzenden Häuser macht man sich keinen Begriff. Sie flogen über die Straßenzüge hin. Sehr viele Bomben fielen. Scheinbar überall. Später sahen wir die Krater. Sie hatten einen Durchmesser von sechzehn Meter und waren acht Meter tief. Gegen sieben Uhr flogen die Maschinen ab, und nun kam eine neue Welle, die diesmal in sehr großer Höhe flog. Die zweite Welle warf Brandbomben auf unsere gemarterte Stadt. Das zweite Bombardement dauerte fünfunddreißig Minuten, aber es reichte hin, um den ganzen Ort in einen gewaltigen Feuerofen zu verwandeln. Mir war gleich klar, was dieser Angriff mit Brandbomben bezwecken sollte. Sie wollten die Welt damit glauben machen, die Basken hätten die Stadt selbst in Brand gesteckt.« Zitiert nach Wilfried Wiegand, *Picasso*, Reinbek [18]2000, 107; Fundstelle: Hans-Christian Kirsch (Hg.), *Der Spanische Bürgerkrieg in Augenzeugenberichten*, München 1971, 268.

in Form eines Standbildes nachstellen zu lassen; die Jugendlichen bekommen so einen emotionalen Zugang zur Aussage des Bildes.

Die Auseinandersetzung mit dem Bild kann die Lektüre von Kants Schrift *Zum ewigen Frieden* vorbereiten.

Eva Marsal und Takara Dobashi

Das Spiel als vernunftzentrierte Leiberfahrung.
Eine theoretische und empirische Begründung für das Spiel als Medium des Ethik- und Philosophieunterrichts

Einleitung

Wir wollen versuchen, eine theoretische und empirische Begründung für das Spiel als Medium des Ethik- und Philosophieunterrichts zu entwickeln.[1] Die theoretische Begründung knüpft an die Philosophie der Leiblichkeit an, in der die Rolle des *beseelten Körpers* bei der Weltaneignung und Weltkonstruktion betont wird. Die empirische Begründung setzt bei der Lebenswelt der Kinder an und weist auf das Potential des Mediums *Spiel* bei der ethischen Urteilsbildung hin, die im Zusammenhang mit der Leiblichkeit gegeben ist. Der Begriff *Leib* ist dabei nicht als Gegenbegriff zum Begriff *Vernunft* konstruiert, vielmehr wird von einer wechselseitigen Durchdringung beider Begriffe ausgegangen.

Dieser Beitrag soll deshalb ein Plädoyer dafür sein, das Spiel im Sinne einer vernunftzentrierten Leiberfahrung für den Ethikunter-

---

[1] Dieser Beitrag steht im Zusammenhang mit dem Internationalen Forschungsprojekt zum deutschen und japanischen Ethikunterricht: A Development-Study on the Learning of Ethics. »*Das Spiel als Kulturtechnik*«. Hodegetisches Institut, Pädagogische Hochschule Karlsruhe & Department of Learning Science, Graduate School of Education, Hiroshima University.

richt zu nutzen. Seit Friedrich Nietzsches *Rede gegen die Verächter des Leibes*, die er Zarathustra verkünden lässt, nimmt der Leib als beseelter Körper einen zentralen Stellenwert in der Diskussion um einen unverkürzten Vernunftbegriff ein.

In unseren Ausführungen wollen wir auf den Zusammenhang der Leiberfahrung als Basis der *großen* Vernunft und dem Spiel als didaktische Möglichkeit hinweisen, diese Leiberfahrung gezielt wahrzunehmen, zu beobachten und unter ethischen bzw. philosophischen Kriterien auszuwerten. Die philosophischen Überlegungen sollen dabei in Beziehung zum Spielverhalten und den Spieltheorien von Kindern einer 4. Klasse der Peter-Hebel-Schule in Karlsruhe gesetzt werden, die als empirische Daten in einer Pilot-Studie erhoben wurden. Zum Vergleich wurden auch die Daten von Studierenden der Anfangssemester der Pädagogischen Hochschule Karlsruhe herangezogen, die mit den gleichen Instrumenten ihr Spielverhalten als Jugendliche aus der Retroperspektive protokollierten. Die Erhebungen wurden im Februar und April 2005 durchgeführt.

Aus dem Untersuchungs-Design der Spielforschung an den Kindern werden in diesem Vortrag folgende Elemente berücksichtigt:
1. Selbstprotokolliertes Spielverhalten auf der Basis der Selbstbeobachtung mit Hilfe eines Zweiwochen-Protokolls.
2. Selbstauskünfte zu den durch die Spiele hervorgerufenen Gefühle mit Hilfe eines offenen Fragebogens.
3. Die Darstellung der Bedeutung des Spiels *ex negativo* durch die Produktion eines Textes zum Thema: »*Ein Zauberer verzaubert die Welt. Es gibt kein Spiel mehr.*«
4. Ein *Philosophisches Fragespiel* als Klassengespräch.
Methodisch wurde hierbei ein gemischtes Design gewählt. Die Häufigkeiten und Beobachtungsdaten wurden mit quantitativen Methoden ausgewertet, in der Regel inhaltsanalytisch mit theoretisch fundierten Kategoriensystemen. Wegen der Eindeutigkeit der relevanten Verteilungshäufigkeiten wurde allerdings auf Signifikanztests verzichtet. Die Rohdaten wurden lediglich in Prozentwerte überführt. Die internen Daten: Gedanken, Gefühle, Empfindungen und Wahrnehmungen, zu denen nur ein privater Zugang möglich ist, wurden dagegen mit qualitativen Methoden erhoben. Der Entwicklungsstand der Versuchspersonen erlaubte es, dabei auf Sprechhandlungen zurückzugreifen, die hermeneutisch interpretiert wurden. Alle Gesprä-

che wurden aufgezeichnet. Für die Auswertung der Filmtranskription wurden alle Kinderbeiträge nummeriert.

Die Spiele wurden anhand der Klassifikation von Roger Caillois entsprechend ihrer Funktionen in vier Hauptrubriken aufgeteilt:

1. Wettkampfspiele (Agôn), bei denen das Moment des Wettstreits bzw. der Leistung vorherrscht: z.B. Baseball.
2. Verwandlungsspiele bzw. Spiele, bei denen das Moment vorherrscht, in einer *anderen Welt* zu sein (Mimikry): z.B. »Auf dem Bett als wilde Tiere hopsen«.
3. Spiele, bei denen das Moment des Zufalls vorherrscht (Alea): z.B. Auszählspiele.
4. Rauschspiele (Ilinx), bei denen das Moment der *organischen Ekstase* vorherrscht, z.B. Drehspiele.

1. Die philosophischen Hintergründe: Die neue Leiblichkeit als Kritik an einem verkürzten Vernunftbegriff

Im neunzehnten Jahrhundert drehte Nietzsche das Wert-Verhältnis von Leib und Geist ganz unzeitgemäß um. Besonders deutlich zeigt sich das neue Wert-Verhältnis, in dem der Leib nicht länger dem Bewusstsein untergeordnet ist, in Zarathustras Rede gegen die Verächter des Leibes. Diese gipfelt im Satz: »Werkzeug deines Leibes ist auch deine kleine Vernunft, mein Bruder, die du *Geist* nennst, ein kleines Werk- und Spielzeug deiner großen Vernunft«. Der *Geist* oder das *Bewusstsein* präsentieren nach Nietzsche lediglich die kleine Vernunft, die dazu führt, dass der Mensch *Ich sagen* kann. Die große Vernunft, die sich nach Nietzsche im *Selbst* fokussiert, das hinter den Gedanken und Gefühlen steht, wird dagegen mit der Vernunft des Leibs identifiziert. Der Leib präsentiert also als beseelter Körper die große Vernunft, die alle Lebensprozesse aufrecht erhält und dazu führt, dass der Mensch *Ich tun* kann. Damit ist der Leib das Prinzip des Hervorbringens und Schaffens.

Nietzsche bezweifelt, dass die Stärke oder gar die Größe des Menschen in der Vernunft als begrifflicher und logischer Kompetenz liegt. Zu offenkundig ist für ihn, dass die Vernunft physische und psychische Mängel nur notdürftig kompensiert. »Der Geist ist nichts, worauf sich das Leben tatsächlich gründet. Der größte Teil unseres Lebens vollzieht sich ohne Zutun unserer (rationalen) Vernunft«.[2]

Erst die positive Empfindung der eigenen Lebendigkeit, die mit der Leiberfahrung einhergeht, führt nach Nietzsche zur Freisetzung der produktiven Kräfte, mit denen der Einzelne sich selbst zur Person macht und sich die ihm entsprechenden Lebensformen schafft.

Nietzsches dominierender Gedanke besteht also darin, dass der freie Geist, obwohl er notwendig intellektuell ist, erst in Verbindung mit seiner Sinnlichkeit lebendig und ästhetisch werden kann. Zu der kleinen rationalen Vernunft muss sich nach Nietzsche immer die große Vernunft des Leibes gesellen. Unseren Intellekt können wir uns nur dann wirklich produktiv erschließen, wenn wir zu unserer Leiblichkeit zurückfinden, in der wir uns selbst als ein Element des Lebens begreifen.

Nietzsches Konzept der Leiblichkeit wirkte unter anderem auf Edmund Husserl und dessen Schüler Helmuth Plessner. Der Zoologe und Philosoph Plessner hatte das Anliegen, die Dualität von außen und innen, die Descartes durch die distinkten Begriffe *res extensa* und *res cogitans* fixiert, auf eine vielschichtigere Weise aufzulösen, als durch Descartes *rätselhaftes conjunctum*.[3] Plessner wollte also nicht bei Descartes Dichotomie *Körper* und *Geist* stehen bleiben. Die wechselseitige Verbindung von außen und innen sollte über den Begriff der *Positionalität* hergestellt werden. Der Begriff *Positionalität* klärt das Verhältnis eines Körpers zu seiner Umwelt und zu seinen Eigenschaften, d.h. zu seiner Außenwelt, Innenwelt und Mitwelt. In dieser Verhältnisbestimmung nimmt der Mensch die höchste Stufe ein, weil er nicht nur einen Körper hat, sondern auch Leib ist.

Der *Körper* ist durch drei Relationen bestimmt.

1. Durch eine perspektivistische Positionalität: Ein Körper kann nämlich niemals gleichzeitig in seiner Gesamtheit erfasst werden, sondern nur in einer wahrgenommenen Teilansicht.

---

2 Volker Gerhardt, *Friedrich Nietzsche*, München ²1995, 109.

3 Helmuth Plessner, »Autobiographische Einführung«, in: ders., *Mit anderen Augen. Aspekte einer philosophischen Anthropologie*, Stuttgart 1982, 6.

2. Durch den von ihm eingenommenen Raum, der bei organischen Körpern durch eine Membran bestimmt wird. Die organischen Körper sind »in sich, auch wenn sie äußerlich begrenzt sein mögen. Sie haben Positionalität«.[4] Pflanzen haben eine offene Positionalität, Tiere und Menschen sind auf die Mitte hin zentriert, sie zeichnen sich durch eine zentrische Positionalität aus.

3. Durch die Positionierung der Beziehung zu seiner Umwelt.

Durch seine zentrische Positionalität ist der Körper in einer relativ bestimmbaren Raum-Zeit-Stelle festgelegt. Der Leib dagegen hat eine exzentrische Positionalität, als beseelter Körper mit Bewusstsein greift er über seinen Eigenraum hinaus und befindet sich in einem nicht relativierbaren Hier-und-Jetzt. Nur der Mensch besitzt einen Doppelcharakter: er hat einen Körper und ist ein Leib.

»Ich bin, aber ich habe mich nicht‹, charakterisiert die menschliche Situation in ihrem leibhaftigen Dasein. Sprechen, Handeln, variables Gestalten schließen die Beherrschung des eigenen Körpers ein, die erlernt werden musste und ständige Kontrolle verlangt. Dieser Abstand in mir und zu mir gibt mir erst die Möglichkeit, ihn zu überwinden. Er bedeutet keine Zerklüftung und Zerspaltung meines im Grunde ungeteilten Selbst, sondern geradezu die Voraussetzung, selbstständig zu sein. Handelt es sich um die Beherrschung rein körperlicher Leistungen, die besondere Geschicklichkeit erfordern, dann vollzieht nicht nur die Manipulierung des Umschlags von leibhaftigem Körpersein in Körperhaben die Überwindung des Abstandes, sie bildet auch ihr Ziel, ist ihre Sache«.[5]

In diesem Spannungsfeld zwischen *Leib-Sein* und *Körper-Haben,* muss der Mensch durch sein Handeln eine Balance erzielen. Nur der Mensch kann sich eigenständig gegenüber dem »Milieu, dem der belebte Körper angehört«[6] verhalten und sein Leben im Sinne von *Leib sein* gestalten. Mit der *Exzentrischen Positionalität* versucht Plessner also die Sonderstellung des Menschen als eines Lebewesens zu fassen. Dirk Lanzerath verdeutlicht die *Exzentrische Positionalität* am Beispiel des kranken Menschen:

---

4   Ebd.
5   Ebd., 63.
6   Ebd., 135.

»Wenn der Patient nicht nur Gegenstand der Untersuchung und Behandlung, d.h. reiner Leib, sondern darüber hinaus personales Gegenüber ist, dann hat es der Arzt nicht nur mit einem »kranken Körper« zu tun, sondern mit dem kranken Menschen in seiner Gleichzeitigkeit und Verschränktheit von personaler und körperlicher Natur«.[7]

Damit ist der *Leib*, den ich den *meinen* nenne, weder ganz von außen als reines Vorhandensein, noch ganz von innen als reine Verfügbarkeit zugänglich,[8] sondern ist, sozusagen als das *natürliche Ich*[9] zweideutig (ambiguité): »Die Nähe des Leibes, der ich schon bin, ohne dass ich *nur* Leib wäre, ist unüberwindlich, wenigstens für mich selbst«.[10]

Gesa Lindemann[11] übernimmt den Leibbegriff von Plessner, um die soziale Konstruktion von *Geschlecht* zu erläutern. Judith Butler[12] greift im Rahmen ihrer Geschlechterforschung bei der Bedeutungsklärung von Leibsein und Körperhaben auf Nietzsches genealogischer Methode in Verbindung mit dem begriffsanalytisch geprägten, mikrosoziologischen Konstruktivismus und Dekonstruktivismus zurück. Der Körper im Sinne von *Sex* identifiziert das biologische Geschlecht, der Leib im Sinne von *Gender* das soziale Geschlecht. Sowohl die zentrische Positionalität als auch die exzentrischen Positionalität des Menschen werden Butlers Meinung nach durch die biologische und soziale Geschlechtsattribuierung ausschlaggebend beeinflusst. Judith Butlers Hauptthese lässt sich in die Worte zu-

---

7 Dirk Lanzerath, »Natürlichkeit der Person und mechanistisches Weltbild«, in: Mechthild Dreyer u. Kurt Fleischhauer (Hg.), *Natur und Person im ethischen Disput*, Freiburg, München 1998, 101.

8 Vgl. ebd.

9 Maurice Merleau-Ponty, »*Phénoménologie de la perception*«, Paris 1945 (dt.: *Phänomenologie der Wahrnehmung*, Berlin 1966).

10 Bernhard Waldenfels, *Der Spielraum des Verhaltens*, Frankfurt/M. 1981.

11 Gesa Lindemann, *Das paradoxe Geschlecht. Transsexualität im Spannungsfeld von Körper, Leib und Gefühl*, Frankfurt/M. 1993.

12 Judith Butler, *Das Unbehagen der Geschlechter*, Frankfurt/M. 1991 (i.O.: *Gender Trouble. Feminism and the Subversion of Identity*, New York 1990). Judith Butler, *Körper von Gewicht*. Frankfurt/M. 1995 (i.O.: *Bodies that Matter. On the Discursive Limits of ›Sex‹*, New York 1993).

sammenfassen: Alles ist sozial konstruiert – auch der Geschlechts-
körper.

Auch Michel Foucault nimmt Nietzsches genealogische Methode auf, um den kulturellen Horizont der Gegenwart insgesamt auf
Distanz zu bringen, so dass der Mensch in seiner Gewordenheit
durchschaubar und als bloß kontingente Bedingung hinterfragt werden kann.[13] Im Rahmen seiner Gesellschaftskritik wehrt er sich wie
Nietzsche gegen einen verkürzten Vernunftbegriff. Die große Vernunft des Leibes hebt Foucault unter anderem in der Gefängnisstudie
Überwachen und Strafen[14] hervor, in der er herausarbeitet, dass sich
der Körper der Gefangenen durch das Wissen, jederzeit beobachtet
zu werden, unbewusst ummodelliert. Das Zusammenspiel von Geist
und Körper in der Leiberfahrung kann mit der genealogischen Methode erfasst und ausgewertet werden.

2. Die durch das Spiel evozierte Leiberfahrung als *geheimnisvoller Text*

Philosophieren heißt *geregeltes Sprechen* oder um es in den Worten
Nietzsches auszudrücken: »*Das vernünftige Denken ist ein Interpretieren nach einem Schema, welches wir nicht abwerfen können*«.[15]
Die im Spiel von innen erlebte Leiberfahrung und von außen zuge-
schriebene Leibkonstruktion wird also über die Sprache zum *ge-
heimnisvollen Text*, den die Schüler im Aktvollzug des Philosophierens entschlüsseln müssen. Im seinem Werk zur *Methodik des Ethik-
und Philosophieunterrichts* bietet Ekkehard Martens[16] dazu mit seiner Fünf-Finger-Methode eine grundlegende Orientierung an. Zur

---

13 Axel Honneth, »Einleitung: Genealogie als Kritik«, in: ders. u. Martin Saar
(Hg.), *Michel Foucault. Zwischenbilanz einer Rezeption. Frankfurter Foucault-
Konferenz 2001*, Frankfurt/M. 2003.

14 Michel Foucault, *Überwachen und Strafen. Die Geburt des Gefängnisses*,
Frankfurt/M. 1976.

15 Friedrich Nietzsche, *Kritische Studienausgabe*, München 1988, Bd. 12, 5[22],
193.

16 Ekkehard Martens, *Methodik des Ethik- und Philosophieunterrichts. Philosophieren als elementare Kulturtechnik*, Hannover 2003.

Erläuterung stellen wir einen Themeneinstieg über ein Interaktionsspiel vor, das bei den Unterrichtseinheiten *Wer bin ich?, Partnerschaft, Toleranz* oder *fremde Kulturen* eingesetzt werden kann. Das Spiel heißt: *Distanz und Nähe.*

Ziele: Den Teilnehmern soll bewusst werden, wie schwierig es manchmal ist, die Distanz zu anderen Menschen richtig einzuschätzen. *Draufgängertum* kann verletzen, Schüchternheit kann zu unnötiger Kontaktarmut führen. Die Teilnehmer erfahren dabei im Spiel die Unsicherheit der Selbsteinschätzung und Fremdeinschätzung.

Spielanleitung:

1. Bitte achte auf Deine Gefühle und Gedanken. Beobachte Dich und den anderen sehr genau, bleibe in einem inneren Kontakt zu deinen eigenen Wahrnehmungen und zum Spielpartner.
2. Bitte gehe sehr langsam auf den anderen zu, bleibe stehen, wenn Du das Gefühl hast, Dir selbst oder Deinem Gegenüber wird es unangenehm, wenn Du noch näher kommst.
3. Partnerwechsel.

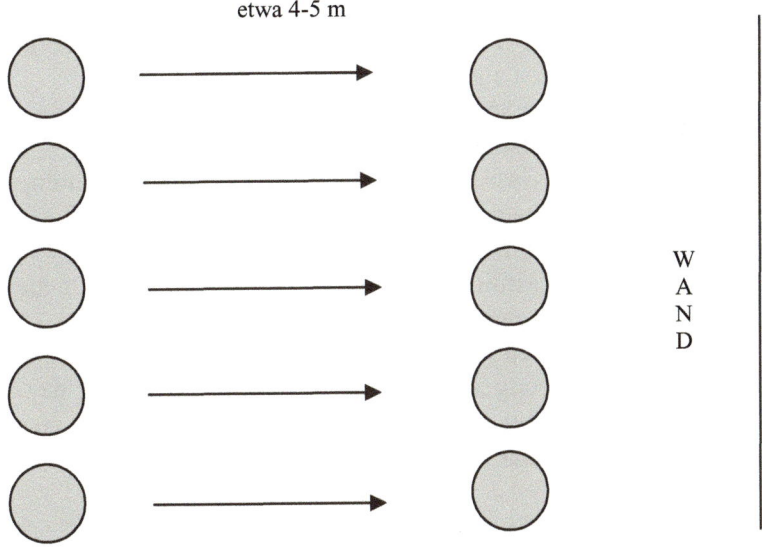

Auswertungsgesichtspunkte im Rahmen
der Fünf-Finger-Methode:

1. *phänomenologische Methode:* eigene *Beobachtungen* genau beschreiben, empirische Daten berücksichtigen:
   – Was ist passiert, was habe ich beobachtet?
   – Wie habe ich mich während des Spieles gefühlt?
2. *hermeneutische Methode:*
   Interpretationen heranziehen: Lehrmeinungen, ideengeschichtli-
   ches Wissen, Deutungsmuster des Alltags, Beobachtungen verstehen:
   – Wie interpretiere ich meine Gefühle, die Gefühle des Gegen-
   übers?
   – Welche kulturelle Lerngeschichte steht hinter diesen Gefühlen?
3. *analytische Methode:*
   Begriffe + Argumente prüfen / Widersprüche, zu enge, zu weite
   Definitionen aufdecken:
   – Welche Begriffe werden bei der Beschreibung benutzt?
   – Welche Assoziationen damit heraufbeschworen?
4. *dialektische Methode:*
   unterschiedliche Positionen abwägen, Dialog, Pro-Contra-Dis-
   kussion, Aporien aushalten:
   – Wie unterscheiden sich die Selbst-, Fremdwahrnehmungen?
   – Welche unterschiedlichen Auffassungen zu *Nähe – Distanz*
   gibt es in der Klasse, in den einzelnen Lebensabschnitten, in den
   Kulturen? Wie werden diese Auffassungen begründet?
5. *spekulative (intuitiv-kreative) Methode:*
   Fantasie, ungeschützte Einfälle spielerisch erproben, neue Ideen
   / Hypothesen kreativ nutzen:
   – Was kann durch neue Erfahrungen gewonnen werden?

Bei der Formulierung der Fragen und der Auswertung der Spiele
sollte darauf geachtet werden, dass keine Ich-Verletzung stattfindet
und die Intimität jeder Schülerin und jedes Schülers gewahrt bleibt.

3. Die Rolle des Leibs im Spiel: Die Daten der empirischen Untersuchung

Eine direkte Leiberfahrung ist bei allen Spielen gegeben, die den ganzen Körper mit einbeziehen, wie Bewegungsspiele oder Rollenspiele. Der Umschlag von *leibhaftigem Körpersein in Körperhaben*[17] ist das leistungsfördernde Ziel im Sport, der als Agon verstanden werden kann. Um dieses Ziel zu erreichen, wird der Intellekt antizipierend eingesetzt, d.h. der Intellekt *modelliert und konstruiert* alle Phasen der körperlichen Handlungen im Vorfeld. Nach dem Aktvollzug werden alle Körperhandlungen wieder vergleichend reflektiert und intellektuell optimiert.

Im Rollenspiel dient der Körper in zweifacher Weise als Informationsträger, zum einen erhält der Spieler durch das Rollenspiel Daten über seine eigene Gefühls-, Gedanken- und Empfindungswelt, zum anderen kann er diese evident der Außenwelt mitteilen. Die Relevanz dieses Informationsvorgangs möchten wir mit den Worten Goethes unterstreichen: »Ich traue überhaupt den Worten, besonders denen auf dem Papier, so wenig, dass ich es eher wagen wollte, den Eindruck, den Ihre Physiognomie auf meine Augen macht, durch meine Gebärden als auf andere Art zurückzugeben«.[18]

Beide Kategorien, bei denen diese direkte Leiberfahrung gegeben ist, die Bewegungsspiele und die Rollenspiele, nehmen bei den freiwillig gewählten Spielen der Kinder und der Jugendlichen einen hohen Stellenwert ein.

Spielverhalten von Kindern (4. Klasse) und Jugendlichen

	Agon	Mimikry	Alea	Ilinx
Kinder	66,3 %	31,2 %	2,5 %	0 %
Jugendliche	66,0 %	14,6 %	17,9 %	1,5 %

---

17 H. Plessner, »Elemente menschlichen Verhalten«, in: ders., *Mit anderen Augen. Aspekte einer philosophischen Anthropologie*, a.a.O., 63.

18 Zitiert nach Manfred Sader, *Rollenspiel als Forschungsmethode*, Opladen 1986, 76.

So dokumentieren die Protokolle, dass die Kinder und die Jugendlichen in diesem Alter Agônspiele bevorzugen. Wettkampfspiele und Spiele, bei denen Kompetenzen entwickelt werden, die mit (körperlichen) Leistungen zusammenhängen (Agon) sind mit 66,3 % bzw. 66,0 % signifikant häufiger vertreten als Verwandlungsspiele mit 31,2 % bzw. 14,6 %, oder Spiele, bei denen die Kinder sich so fühlen, als seien sie in einer anderen Welt (Mimikry). Zufallsspiele sind bei den Kindern mit 2,5 % zu vernachlässigen, bei den Jugendlichen haben sie etwa die gleiche Häufigkeit wie Mimikryspiele. Ilinxspiele sind nur bei Jugendlichen aufgeführt, fallen aber auch hier nicht ins Gewicht. Das könnte allerdings an der spezifischen Stichprobe liegen, in anderen Populationen könnte das Bild einen höheren Anteil bei den Ilinxspielen bieten, z.B. durch eine höhere Anzahl von Trinkspielen.

Spielverhalten von Kindern (4. Klasse) und Jugendlichen

AGON (Wettkampfspiele) %					
	Bewegungs-spiele	Brett-spiele	Karten-spiele	Sprach-spiele	Sonstiges
weibl. Kinder	54,5 %	1,4 %	2,1 %	11,7 %	30,3 %
weibl. Jugend	51, %	20,7 %	3,7 %	18,6 %	5,9 %
männl. Kinder	78,4 %	4,2 %	3,5 %	2,1 %	11,8 %
männl. Jugend	54,5 %	20,5 %	11,4 %	8,3 %	5,3 %

Den höchsten Anteil der Wettkampfspiele nehmen dabei körperliche Spiele ein. Bei den Jungen ist diese Tendenz mit einem Anteil von 78,4 % bzw. 54,5 % Bewegungsspielen ausgeprägter als bei den Mädchen, die aber auch hier mit 54,5 % bzw. 51,1 % als häufigste Kategorie vertreten ist.

MIMIKRY (Verwandlung – andere Welt) %					
	Rollen-spiele	Medien-spiele	Technisches Spielzeug	Sprach-spiele	Sonstiges
weibl. Kinder	29,2 %	41,6 %	14,6 %	3,4 %	11,2 %
weibl. Jugend	11,9 %	35,7 %	45,2 %	7,1 %	0,0 %
männl. Kinder	31,9 %	66,0 %	2,1 %	0,0 %	0,0 %
männl. Jugend	6,9 %	58,6 %	27,6 %	6,9 %	0,0 %

Bei der Kategorie MIMIKRY weisen die Spiele, in denen der ganze Körper involviert ist, die Rollenspiele, bei den Kindern die zweithöchste Häufigkeit auf. An erster Stelle stehen bei den Kindern und den männlichen Jugendlichen die Medienspiele, vorrangig Computerspiele, die von den Jungen doppelt so häufig wie Rollenspiele gespielt werden. Bei den weiblichen Jugendlichen nimmt zwar die Kategorie *Technisches Spielzeug* den ersten Platz ein, da hierunter aber vor allem Handy- oder Gameboy-Spiele fallen, liegt diese Kategorie nahe bei den Medienspielen.

Die Jugend-Daten haben nur als Tendenzaussagen Gültigkeit, da es sich bei der vorliegenden Stichprobe keinesfalls um eine repräsentative handelt, da ja die befragten Jugendlichen / jungen Erwachsenen alle an einer Pädagogischen Hochschule studieren. Außerdem protokollierten sie ihr Spielverhalten aus der Retroperspektive. Allerdings übertrifft die Eindeutigkeit, mit der Bewegungsspiele bevorzugt werden, jede Zufallshäufigkeit und lässt erwarten, dass auch andere statistische Populationen die gleichen Tendenzen aufweisen.

ALEA (Glück / Zufall) %					
	Würfel-spiele	Brett-spiele	Karten-spiele	Finger-spiele	Sonstiges
weibl. Kinder	9,1 %	81,8 %	0,0 %	9,1 %	0,0 %
weibl. Jugend	12,9 %	17,7 %	56,5 %	8,1 %	4,8 %
männl. Kinder	0,0 %	0,0 %	0,0 %	0,0 %	0,0 %
männl. Jugend	12,0 %	8,0 %	68,0 %	12,0 %	0,0 %

Die wenigen Spiele der Kinder insgesamt 2,5%, bei denen der Zufall eine gewisse Rolle spielt, wie beim Brettspiel *Mensch ärgere dich nicht* oder reine Glückspiele, wie *Kniffel* oder *Schere, Stein, Papier* werden von den Mädchen gespielt. Die Jungen protokollieren in dieser Kategorie überhaupt keine Spiele. Bei den Jugendlichen dagegen werden die Alea-Spiele, insgesamt 17,9 %, häufiger genannt. Dabei handelt es sich um Kartenspiele, die vor allem im häuslichen Bereich gespielt werden.

ILINX (Rausch) %					
	Trink-spiele	Drogen	Dreh-spiele	Tanz-spiele	
weibl. Jugend	100 %				
männl. Jugend	100 %				

Der ILINX -Wert betrifft nur 6 Jugendliche, 5 davon spielten das alkoholische Trinkspiel *Mäxi* und ein Junge *Kartenblasen*.

Die Emotionen, die das *Spiel* hervorruft, wurden mit dem Item *Welche Gefühle hast Du, wenn Du spielst?* abgefragt und in folgende Kategorien eingeordnet:

Spiel-Gefühle

	Neues an sich kennen lernen	Autonomie	Lust	Spannung	Unlust
Kinder	4,7%	23,8%	50%	19%	3%
Jugend-liche	4,3 %	11,7 %	61,7 %	13,8 %	8,5 %

Hinter diesen Prozentwerten verbergen sich folgende konkrete Formulierungen:

Spiel-Gefühle von Kindern (4. Klasse)

Neues an sich kennen lernen	Autonomie	Lust	Spannung	Unlust
Wenn ich Erwachsen spiele, dann fühle ich mich auch wie eine Erwachsene (1) größer (1)	ich fühle mich frei / Freiheit (10)	ich fühle mich einfach gut / (4) schön (4) es macht Spaß / spaßiges Gefühl (5) Fröhlichkeit (3) Freude (4) lustige (1) glücklich (2) zufrieden (1)	Mut (2) aufgeregt, wer gewinnt (4) spannend (1) manchmal witzig (1)	Mir macht es Spaß, aber wenn ich immer verliere, finde ich es blöd (1)
Σ: 2 (4,7%)	Σ: 10 (23,8%)	Σ: 24 (50%)	Σ: 8 (19%)	Σ: 1 (2,3%)

Gesamt: 45

Spiel-Gefühle von Jugendlichen

Neues an sich kennen lernen	Autonomie	Lust	Spannung	Unlust
Neue Ideen verwirklichen 1 Neue Leute kennen lernen 1 Ungewöhnliche Situationen erleben 1 Wertevermittlung 1	Eigene Welt 1 Fantasiewelt 1 Freiheitsgefühl 2 Selbstreflexion 1 Überlegenheit 2 Identifikation 1 Konzentration 1 Kommunikation 2	Spaß 13 Freude 8 Glücksgefühle 12 Gute Laune 2 Gute Stimmung 1 Unbeschwertheit 1 Befriedigung 3 Lustgewinn 1 Entspannung 1 Lockere Atmosphäre 1 Leichtigkeit 1 Erleichterung 1 Gefühle 2 Förderung des Miteinanders 2 Geselligkeit 1 Motivation 1 Erfolgserlebnisse 3 Siegen 1 Ablenkung 3	»Kick« 1 Abenteuer 2 Spannung 8 Wettkampfsituation / Nervenkitzel 2	Anspannung 1 Ärger 3 Enttäuschung beim Verlieren 1 Unlust beim Verlieren 1 Neid 1 Trauer 1
Σ : 4 (4,3 %)	Σ: 11 (11,7 %)	Σ: 58 (61,7 %)	Σ: 13 (13,8%)	Σ: 8 (8,5 %)

Gesamt: 94

Alle Gefühle haben sowohl eine körperliche als auch eine intellektuelle Komponente. Die höchste Varianz deckt der Faktor *Lust* mit 50% bzw. 61,7% ab. Dieser Faktor hat nach den Ergebnissen der Flow-Forschung einen hohen Motivationswert. *Spannung* und *Autonomie* halten sich das Gleichgewicht. Beide Faktoren sind ebenfalls bedeutsam für Lernprozesse. *Neues an sich kennen lernen* erweitert den Lernradius. Für Kinder und Jugendliche besteht ein enger Zusammenhang zwischen *Spiel* und *Lernen*, beides sind zwei Aspekte des gleichen Gegenstandbereichs.

Spiel ist so tief in das Leben von Kindern involviert, dass sie sich ein Leben ohne Spiel nicht vorstellen können. So fällt es ihnen auch schwer, die Gefühle differenziert darzustellen, die solch ein Leben kennzeichnet. In ihren Texten zum Thema: »*Ein Zauberer verzaubert die Welt. Es gibt kein Spiel mehr*« schildern die Kinder solch eine Welt als *lähmend, grau* und *langweilig*. Die Kinder wissen nicht, wie sie sich beschäftigen sollen, die Zeit scheint *stehen zu bleiben*. Rosalinde bemüht sich darum dieses Gefühl näher zu bestimmen. Sie schreibt: »Sonja plagte langsam die Langeweile, aber was konnte sie tun? Sie fühlte sich seltsam. Sie konnte dieses Gefühl nicht beschreiben, aber es war grässlich!« Als Folge des Spielverbots, das in der Regel vom Verlierer ausgesprochen wird, der aus Frustration oder Aggression das Spielfeld verlässt, sinkt die Lebensenergie bis hin zu einer vollkommenen Energielosigkeit. So hält Annalisa fest: »Nach einer Woche haben wir kaum noch Energie«.

Um diesen Zustand wieder aufzuheben, nehmen die Kinder auch persönliche Nachteile in Kauf, wie *vorgetäuschtes Verlieren*. Zur Illustration zitieren wir ein Textbeispiel:

Julian
Spieler-Tricks
Es ist Sommeranfang und wir spielen gegen den Kanzler Handball. Wir gewinnen, da wird der Kanzler böse und sagt: »Ich stelle ein neues Gesetz auf, ab sofort gibt es keine Spiele mehr, und wer sich nicht daran hält, kommt hinter Gitter«. Es ist einfach schrecklich, dass es keine Spiele mehr gibt. Nie wieder Spaß. Außerdem, was soll ich mit meinen ganzen Spielsachen machen? Nach ein paar Wochen reicht es mir. Plötzlich fällt mir was ein.
Ich fordere den Kanzler zu einem weiteren Handballspiel heraus. Ich sage ihm direkt ins Gesicht: »Wenn wir schon wieder gewinnen, bleibt alles so wie es ist, aber wenn Sie gewinnen, dürfen wir wieder spielen, einverstanden?« Er ist einverstanden.

Natürlich lassen wir den Kanzler gewinnen. Ihr könnt euch bestimmt denken, was passiert ist.

Das Thema *Gewinnen – Verlieren* nimmt auch einen zentralen Stellenwert beim Klassengespräch über *die Bedeutung des Spiels* ein. Als Ursache für das *Verlieren* vermuten die Kinder *mangelnde Anstrengung*, als Folge den *Verlust von Spaß* und damit den *Verlust des Spielsinns*. Den höchsten Stellenwert besitzt aber nicht der Sieg, sondern die Teilhabe am *Spiel* als solches. Daraus entsteht die moralische Forderung, dass *Verlieren* nicht zum Spielabbruch führen darf. Der Unterlegene sollte sich vielmehr mit dem Sieger mitfreuen.

> (70) M: Es ist ja eigentlich nicht ganz so wichtig, aber wenn man halt immer verliert, dann ist es irgendwann auch …, dann macht es auch nicht mehr so viel Spaß.
>
> (71) J: Eigentlich also, wenn man das Spiel spielt, ist es eigentlich egal, ob man gewinnt oder verliert, weil, also ob man spielt, darauf kommt es ja an. Und es macht trotzdem Spaß
>
> (73) K: Hauptsache es macht Spaß, denn immer zu gewinnen, so wie die Luise gesagt hat, macht also nicht so Spaß und also, das wichtigste an einem Spiel ist, dass man immer Spaß hat.
>
> (74) K: Eigentlich ist es auch bei Wettrennen oder so, dabei sein ist alles.
>
> (75) M: Man sollte sich auch für die anderen freuen, wenn z.B. die Freundin gewinnt.
>
> (76) K: Man darf nicht sagen, oh, jetzt hast du gewonnen, jetzt mag ich dich nicht mehr, das ist ja gemein.
>
> (77) M: Dann macht das Spielen auch gar keinen Spaß mehr, wenn die Freundin dann sagt: Oh, jetzt hast du gewonnen, jetzt bin ich trotzig, also, dann macht es auch keinen Spaß mehr zu gewinnen.

Neben angenehmen Emotionen, die mit harmlosen Szenarien wie dem Rollenspiel *Familienhund* evoziert werden, werden aber auch Angst erzeugende Szenarien produziert. Diese erweitern das Erlebensspektrum und befriedigen die Abenteuerlust der Kinder auf *ungefährliche* Weise. Durch diese Rollenspiele fühlen sich die Kinder größer und bedeutender.

(135) K: Also z.B. wenn ich und meine Schwester Hund spielen, oder ein Freund von mir und ich, das macht dann auch Spaß und dann fühlt man sich auch, als wenn man echt einen Hund hätte. Ich fühle mich dann fröhlich.

(137) K: Ich hab mal auch mit meiner Schwester Hund gespielt und dann hab ich immer gesagt, »mach sitz« und dann hat sie sich auch wirklich hingesetzt, hab ich gesagt, »gib Pfötchen«, dann hat sie auch wirklich die Hand gegeben und alles und es hat Spaß gemacht.

(126) K: Manchmal ist es lustig, aber manchmal kann man auch gefährliche Sachen spielen und dann kann man auch Angst haben.

(130) K: Nee, dann fühlt man sich irgendwie so unheimlich und spannend.

(131) K: Man fühlt sich auch größer.

(132) K: Ängstlich.

(133) K: Geheimnisvoll, weil man Geheimnisse hat.

(142) K: Ich spiele mit Freunden aus meiner Gruppe im Hort gerne Fantasiespiele im Hof, so mit Geheimagenten und großen Dinosauriern und alles.

(143) K: Ich spiele mit meiner Freundin oft, dass wir Leoparden oder so was wären, und dann hüpfen wir halt auf dem Sofa rum oder springen auf den Tisch.

(144) K: Manchmal spiele ich auch Urzeitmensch und dann mache ich mit Stöcken Löcher und dann hole ich so verschiedene Sachen und mach sie in ein Loch und dann mix ich das irgendwie mit einem Stock.

(145) K: Und manchmal spiele ich in meinem Zimmer auch Forscher, da baue ich mir mit Decken und mit so Plastikrohre so ein Zelt auf und dann hol ich mir aus der Küche immer so Nahrungsmittel, Ketchup, da hab ich mal Nashornblut nachgemacht, da hab ich ein bisschen Wasser reingemixt und dann hab ich das untersucht.

Der Impuls »Wie fühlt sich denn euer Körper bei den Fantasie-Rollenspielen oder bei den Sportspielen an? Fühlt er sich anders an, als wenn ihr bei einer Mathearbeit sitzt?« sollte die Kinder dazu anregen noch intensiver auf ihre Gefühle und körperlichen Wahrnehmungen einzugehen. Als *Hauptunterschied* zwischen *Spiel* und *Arbeit* wird von den Kindern der *Stressfaktor* genannt.

> (146) K: Man fühlt sich freier, weil bei der Mathearbeit, da sitzt man unter Stress. Weil – wenn man da nichts weiß, dann schwitzt man so und dann denkt man halt, oh, was ist das noch mal?
>
> (147) K: Und man steht auch unter Zeitdruck, weil – bei normalen Spielen da kann man sich ja Zeit lassen aber beim Mathetest jetzt z.B. da hat man jetzt, glaube ich, nicht so viel Zeit.
>
> (148) K: Beim Spielen ist man mutiger als beim Rechnen eigentlich, weil man denkt ja immer das weiß ich jetzt nicht, dann lass ich es aus und beim Spiel dann denkt man manchmal, ich weiß nicht, ob ich da jetzt runterspringen soll, aber dann meint man doch, ich mach es jetzt mal.

Sehr ausführlich gingen die Kinder auf die Frage ein, ob man durch das Spielen wachsen kann. Sie waren der Meinung, dass Spiele ihren kognitiven, sozialen und emotionalen Rahmen erweitern, weil sie dadurch in andere bzw. spätere Welten hineinkommen. Außerdem glauben die Kinder auch, dass *Spielen* körperliche Veränderungen bei ihnen hervorrufen. Z.B. gehen sie davon aus, dass sich ihr Gehirn durch *Spielen* vergrößert.

> (157) K: Ja, eigentlich schon. Da lernt man manchmal mehr kennen.
>
> (158) K: Man kann auch gedanklich wachsen.
>
> (159) K: Also, wenn man Erwachsen spielt, dann fühlt man sich auch so und wenn man in die Arbeit geht, wenn man spielt »in die Arbeit gehen«, dann denkt man, man hat ein größeres Gehirn.
>
> (160) K: Man wird ja nicht nur größer mit dem Körper, sondern auch die Nervenzellen und das Gehirn wird immer größer mit der Erfahrung.
>
> (162) K: Und wenn man z.B. beim Schachturnier gewonnen hat, dann fühlt man sich auch größer, weil man dann denkt, ah, ich hab gegen die alle gewonnen.
>
> (164) K: Auch beim Ballspielen, z.B. Völkerball spielen!

Wenn man dann immer die Bälle fängt und die anderen können das dann nicht, dann fühlt man sich auch immer so toll
und man ist der einzige Gute, dann kann man gerade noch so
eine Mannschaft retten oder so was.
(166) K: Und da fühlt man sich auch stolz und man ist froh,
dass man das gemacht hat. Und dann wird man vielleicht
auch –, dann sagen vielleicht die anderen, ja, das war super
und so.

Durch die Thematisierung des Gefühls, bei einem Sieg innerlich zu
wachsen, kam auch das Problem *zu verlieren* noch einmal zur Sprache. In ihrer Definition unterscheiden die Kinder zwischen schlechten und guten Verlierern. Die *schlechte Verlierer*, können den Misserfolg nicht akzeptieren, sie verhalten sich dem Sieger gegenüber ag-
gressiv und führen den Misserfolg entweder auf unlautere Manipulationen des Siegers zurück oder auf ihre angeblich mangelnde Leis-
tungsbereitschaft. Siegen *schlechten Verlierer* so verspotten sie die
Spielpartner. *Gute Verlierer* dagegen freuen sich über das Spiel als
solches, freuen sich mit dem Sieger und hoffen beim nächsten Spiel
auf einen Erfolg.

(167) K: Also, es gibt schlechte Verlierer und gute Verlierer.
Die schlechten Verlierer, die regen sich voll auf und die guten
Verlierer, die sagen: War ja nur ein Spiel, ist ja auch schön,
wenn du gewonnnen hast.
(168) K: Wir haben einmal im Völkerball gegen unsere Paral-
lelklasse verloren und da haben sie über uns gespottet und
dann haben wir gewonnen und dann haben sie sich total auf-
geregt, geärgert. Die konnten überhaupt nicht verlieren und
wir, wir haben sie einfach ignoriert.
(169) K: Die schlechten Verlierer, die sagen dann auch: Ja,
ich hab mich auch gar nicht angestrengt und ich hab dich auch
gewinnen lassen, dabei stimmt es gar nicht.
(172) K: Man muss sich auch nicht wegen jedem aufregen,
man kann sagen, es ist nur ein Spiel, gut, dass du gewonnen
hast, jetzt können wir noch mal spielen.
(175) K: In der Kernzeit habe ich auch mal gegen so jemand
gewonnen. Der hat immer gesagt, ich bin noch in der 1. Stufe,
ich bin noch in der 1. Stufe und wo er dann verloren hatte, ich

hab extra schlecht gegen Mädchen gespielt und so was, weil
er nur nicht zugeben wollte, dass er verloren hatte.

Ein guter Verlierer zu sein gilt als hohe Spielkompetenz. Die Schülerinnen und Schüler zeigten insgesamt ein großes Interesse an dem
Thema *Spiel*. Sie sprachen sehr konzentriert und themenbezogen
über ihre Erfahrungen und Gedanken, die sie mit dem *Spiel* verbinden.

Schlussbetrachtung

Das Spiel bietet im Philosophie- und Ethikunterricht durch den Akt
der primären Weltaneignung die Möglichkeit, das gesamte anthropo-
logische Potential zu nutzen, das bei einer Urteilsbildung relevant
ist. Auch die Anerkennung und Umsetzung der persönlich erfahrenen und reflektierten Werte bzw. Normen wird durch die im Spieler-
leben erfahrene Integration von Intellekt, Emotion und Leibsein gefördert. Die vernunftkritische Chance der *neuen Leiblichkeit*, die die
Philosophie entdeckte, sollte auch didaktisch nicht ungenutzt bleiben, vor allem, da sie an die Bedürfnisse von Kindern und Jugendlichen anschließt und ihnen mit dem reflektierten Einsatz des eigenen
Körpers ein evidentes Prüfwerkzeug für ihre ethischen Entscheidungen bietet.

Kulturell besonders bemerkenswert ist die empirisch erhobene
differenzierte Haltung gegenüber dem Phänomen *Siegen-Verlieren*.
Der Sieg, vor allem der häufige, verspricht nämlich, wie die eigenen
Spielerfahrungen gezeigt haben, keine Erhöhung der Glücksbilanz,
da er mit einer sozialen Gefährdung einhergeht. Es besteht nämlich
jederzeit die Gefahr, dass der Spielpartner, der verliert, das Feld verlässt und das Spiel damit beendet ist.

Spiel bedeutet aber Lebensfreude, Energie und persönliches
Wachstum. Deshalb ist nicht der Antagonismus *Siegen-Verlieren* der
relevanteste Punkt im Spiel, sondern der Fortgang des Spiels, das
Spiel als solches. Das höchste Glück bei Agon-Spielen verspricht
eine ausgeglichene Balance zwischen Siegen und Verlieren. Diese
Einstellung könnte sich als eine bedeutsame Zukunftsvariabel erwei-
sen, da dieses Modell eine ausgleichende Gerechtigkeit impliziert.

Der Schlusssatz soll dem Spielforscher Frederick J.J. Buytendijk gewidmet sein, nach dem die allgemeine Dynamik des Spiels dem Spiel des Windes mit den dürren Blättern gleicht: Es fängt schwach und zögernd an, wird allmählich stärker und heftiger und zeichnet sich durch die Elemente *Überraschung, Abenteuer* und *Einfall* aus.[19]

---

19 Vgl. Frederick J.J. Buytendijk, *Wesen und Sinn des Spiels*, Berlin 1933, 115. – Wir danken Frau Katharina Bitar ganz herzlich für ihr Engagement als Forschungshilfskraft.

Zu den Autoren

Klaus Blesenkemper, Jahrgang 1952, Studium der Philosophie, Germanistik und Sozialwissenschaften in Münster; seit 1981 Gymnasiallehrer in Dülmen; 1985 Promotion mit dem Hauptfach Philosophie; Referenten- und Moderationstätigkeit in der Lehrerfortbildung; seit 1996 maßgeblich beteiligt an der Entwicklung des Fachs Praktische Philosophie und der entsprechenden Lehrerfortbildungsmaßnahmen in NRW; Moderation mehrerer Zertifikats- und Studienkurse zur Qualifikationserweiterung von Lehrkräften für Praktische Philosophie; ab 2004 Geschäftsführung der Arbeitsstelle Praktische Philosophie am Philosophischen Seminar der Universität Münster; in Verbindung damit Lehrauftrag für Fachdidaktik der Praktischen Philosophie. Publikationen: *»Publice age« – Studien zum Öffentlichkeitsbegriff bei Kant* (Frankfurt/M. 1987); diverse Aufsätze aus den Bereichen Ethik, Philosophie der Gefühle und Fachdidaktik Philosophie; Mitherausgeber des Schulbuchs *Sich orientieren. Ethik – Praktische Philosophie 9/10*, (München 2002).

Takara Dobashi, Prof. Dr. paed., Studium der Pädagogik und Philosophie am Pädagogischen Forschungskurs, Universität Tohoku in Sendai, Japan; 1979 Assistent für Erziehungsphilosophie an der Universität Tohoku; 1983 Dozent an der Staatlichen Universität Tottori; 1994 Ord. Professor an der Pädagogischen Fakultät Tottori; seit 2003 Ord. Professor am Pädagogischen Forschungskurs, Universität Hiroshima; Mitglied der Goethe-Gesellschaft in Japan; Mitglied der Gesellschaft »The Japan Society for the Study of Education«. Wichtigste Veröffentlichungen: Humanitätsidee, Philosophie und Bildungsdenken im deutschen Klassizismus (Herder, Schiller, Goethe) Hermeneutik vom Lernen, Pädagogische Theorie und Praxis über Lebenslange Entwicklung; Monographien: *Studien zur Goethes Pädagogik*, Minervashobô, Kyôto, Japan 1996; *Studien zur Goethes*

Weltanschauung, Minervashobô, Kyôto, Japan 1999; Mitherausge-
berschaft der Zeitschrift *Proteus – Natur und Bildung –*, Heft 1-7,
Sendai, Japan 1993-2004.

Eva Marsal, Studium (Evangelische Theologie, Philosophie und
Psychologie) in Heidelberg. Pfarramt in Karlsruhe, 9 Jahre Schuldienst in den Gymnasien Bretten und Philippsburg. Seit 1995 Aka-
demische Rätin für Philosophie an der Pädagogischen Hochschule
Karlsruhe. Habilitation 2005. Mitglied der Nietzsche-Gesellschaft
und des Forums für »Didaktik des Philosophie- und Ethikunterrichts«. Wichtigste Veröffentlichungen: Das Spiel als Kulturtechnik,
Philosophie der Person, Nietzsche, praktische Philosophie/Ethik.
Monographien: *Das Selbstkonzept. Subjektive Theorien Jugendli-
cher zur Genese, Binnenstruktur und Handlungskonsequenzen*, Opladen 1995; *Unverletzende Selbstbehauptung. Das Karlsruher Ju-
gendtraining*, Opladen 1997; *Person. Vom alltagssprachlichen Begriff zum wissenschaftlichen Konstrukt*: 2005; Herausgeberschaft:
*Ethik und Religionsunterricht im Fächerkanon der öffentlichen
Schulen*. Frankfurt/M., Bern. 2002.

Käte Meyer-Drawe, Professorin für Allgemeine Pädagogik im
Institut für Pädagogik an der Ruhr-Universität Bochum; Erstes und
Zweites Staatsexamen für das Lehramt an Grund- und Hauptschulen
in den Fächern Mathematik, Physik und Chemie; Mitglied der Deut-
schen Gesellschaft für Phänomenologische Forschungen (seit Okto-
ber 1994 Mitglied des Beirats der Zeitschrift *Phänomenologische
Forschungen*); seit Dezember 1998 Mitglied des Kuratoriums des
Instituts für Diaspora- und Genozidforschung an der Ruhr-Universi-
tät Bochum; seit 2004 Mitglied der Jury des Hosenfeld/Szpilman-
Gedenkpreises der Universität Lüneburg; seit Oktober 2005 Mitglied
des Wissenschaftlichen Beirats der *Eugen Fink Gesamtausgabe*.
Arbeitsschwerpunkte: Theorie der Leiblichkeit; Selbst-, Welt- und
Fremddeutungen des Menschen im Lichte technologischer Entwick-
lungen; philosophische Lerntheorien; Problematisierung von Identi-
tätskonzepten. Ausgewählte Bücher: *Leiblichkeit und Sozialität.
Phänomenologische Beiträge zu einer pädagogischen Theorie der
Inter-Subjektivität*, München [3]2001; *Illusionen von Autonomie.*

Diesseits von Ohnmacht und Allmacht des Ich, München [2]2000; *Menschen im Spiegel ihrer Maschinen*, München 1996.

Bernd Rolf, Studium der Philosophie und Germanistik, Promotion an der Universität Köln; Lehrer für Philosophie und Praktische Philosophie am Gymnasium; seit 1990 Moderator in der Lehrerfortbildung für das Fach Philosophie; 1996/97 Mitarbeit am Lehrplan für das Fach Praktische Philosophie in NRW; 2001-2005 Moderator in der Lehrerausbildung für das Fach Praktische Philosophie; seit 2001 Lehrauftrag für Didaktik der Praktischen Philosophie an der Universität Essen; seit 2002 Fachberater für Philosophie bei der Bezirksregierung Düsseldorf; seit 2004 Fachleiter für Philosophie und Praktische Philosophie an den Studienseminaren Kleve und Krefeld; Landesvorsitzender des Fachverbands Philosophie e.V. in NRW 1998-2004; seit 2003 Bundesvorsitzender des Fachverbandes Philosophie e.V.; Mitautor von Lehrwerken für die Fächer Philosophie und Praktische Philosophie: *Technikphilosophie und Wirtschaftsethik* (2001); *Ethik aktuell* (2002); *Praktische Philosophie 9/10* (2002); *Ethik im Bild* (2004); *Philosophie im Film* (2006); Beiträge in fachdidaktischen Zeitschriften.

Walter Schweidler, geboren 1957; Studien der Philosophie, Rechtswissenschaft, Politikwissenschaft und Katholischen Theologie in Eichstätt und München; 1992-1997 Professor für Philosophie an der Pädagogischen Hochschule Weingarten; Gastprofessuren u.a. in Sydney und Berkeley; 1997 bis 2000 Professor für Praktische Philosophie und Didaktik der Philosophie an der Universität Dortmund; ab 2000 Professor für Praktische Philosophie an der Ruhr-Universität Bochum; Forschungsschwerpunkte: Ethik und Politische Philosophie, Rechtsphilosophie und Menschenrechte, Interkulturelle Philosophie. Publikationen: *Wittgensteins Philosophiebegriff* (Freiburg. München 1983, ital. Übers. Florenz 2005); *Die Überwindung der Metaphysik. Zu einem Ende der neuzeitlichen Philosophie* (Stuttgart 1987, jap. Übers. 2006); *Geistesmacht und Menschenrecht. Der Universalanspruch der Menschenrechte und das Problem der Ersten Philosophie* (Freiburg, München 1994); *Das Unantastbare. Beiträge zur Philosophie der Menschenrechte* (Münster 2001); *Der gute*

Staat. Politische Ethik von Platon bis zur Gegenwart (Stuttgart 2004).

Volker Steenblock, geboren 1958; Studium der Philosophie, Geschichte und Germanistik; Unterrichts- und Lehrtätigkeit in Schule, Erwachsenenbildung und Universität in Münster, Hamburg und Saarbrücken; seit 2003 Professor für Kulturphilosophie und Philosophiedidaktik an der Ruhr-Universität Bochum; Herausgeber verschiedener Reihen zur Philosophischen Bildung: Arbeitsbücher für Studierende, Handbücher für Lehrer, Schulbücher; Mitherausgeber der *Zeitschrift für Didaktik der Philosophie und Ethik,* koordinierendes Mitglied des *Forum für Didaktik der Philosophie und Ethik.* Wichtigste Veröffentlichungen: *Theorie der kulturellen Bildung,* München 1999; *Arbeit am Logos,* Münster 2000; *Kleine Philosophiegeschichte,* Stuttgart 2002; *Philosophische Bildung,* Münster ²2002; *Praktische Philosophie/Ethik – Ein Studienbuch,* Münster ²2006; *Die großen Themen der* Philosophie, Darmstadt 2003; *Kultur – Die Abenteuer der Vernunft im Zeitalter des Pop,* Leipzig 2004; *Sokrates und Co. – Ein Treffen mit den Denkern der Antike,* Darmstadt 2005.

Urs Thurnherr, seit 2003 Professor für Philosophie an der Pädagogischen Hochschule in Karlsruhe; Studium der Philosophie, der Neueren deutschen Literaturwissenschaft sowie der Deutschen Sprachwissenschaft und älteren Literaturwissenschaft; 1993 Promotion; 1998 Habilitation in Philosophie an der Universität Basel; seit 2004 Mitglied der Eidgenössischen Ethikkommission für die Biotechnologie im Außerhumanbereich (EKAH); Forschungsschwerpunkte: Ethik, Angewandte Ethik, Hermeneutik sowie die Philosophie Kants und französische Philosophie; Buchveröffentlichungen: *Die Ästhetik der Existenz. Über den Begriff der Maxime und die Bildung von Maxime bei Kant* (1994); *Angewandte Ethik* (1998, Hg., zus. mit Annemarie Pieper); *Angewandte Ethik zur Einführung* (2000); *Vernetzte Ethik. Zur Moral und Ethik von Lebensformen* (2001); *Anerkennung. Eine philosophische Propädeutik* (2001, Hg., zus. mit Monika Hofmann-Riedinger); *Menschenbilder und Menschenbildung* (2005, Hg.).

Brigitte Wiesen, Dr. phil., Fachleiterin für Philosophie/Praktische Philosophie am Studienseminar Gy/Ge Düsseldorf II; Studium der Philosophie, Mathematik und Pädagogik; seit 1976 im gymnasialen Schuldienst; Mitglied der Arbeitsgruppe Praktische Philosophie am Landesinstitut in Soest; Lehrauftrag an der Universität Duisburg-Essen für den Studienkurs Praktische Philosophie; Moderatorin für Praktische Philosophie im Auftrag der Bezirksregierung Düsseldorf; Veröffentlichungen zur Fachdidaktik.